W0417271

DUDEN

Sachunterricht 4

Berlin, Brandenburg, Mecklenburg-Vorpommern

Herausgegeben von Prof. Dr. Michael Gebauer

Erarbeitet von Sabine Frohberg,
Prof. Dr. Michael Gebauer, Dr. Helga Jarausch,
Siglinde Kiesel, Daniela Schmeinck,
Petra Simmat und Thomas Sudeik

Unter Beratung von Ingrid Jäger-Gutjahr
und Prof. Dr. Markus Peschel

DUDEN PAETEC Schulbuchverlag
Berlin, Frankfurt a. M.

Inhaltsverzeichnis

- Schreiben
- Malen
- Ausschneiden und einkleben
- Beobachten, erkunden
- Herstellen
- Experimentieren

Naturphänomene 48–57

Mensch und Tier 58–60

Medien 64–67

Kinder als Konsumenten 68–69

Deutschland entdecken 70–75

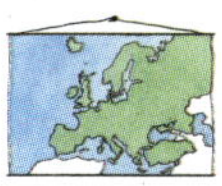

Europa 76–78

Hier und anderswo 79–81

Gelbe Seiten 85–88

Ausschneidebögen 89–95

Präsentieren

Sprich darüber!

Informationen beschaffen

Wiederholende/festigende Aufgaben

Grundaufgaben

Knobelaufgaben

Das kann ich schon

Prima! Jetzt bist du schon in der 4. Klasse angekommen und hast viel gelernt. Überlege dir einmal, was du bis jetzt schon alles gelernt hast. Mache dir danach Gedanken, was du im kommenden Schuljahr vielleicht noch dazulernen oder verbessern möchtest. Nutze dafür die „Checklisten" auf den beiden Seiten. Kreuze dort jeweils das für dich Zutreffende an.

Darin liegt meine Stärke.

Das könnte noch besser werden.

Das kann ich noch nicht so gut.

Erforschen, entdecken, erkunden			
Ich kenne mindestens 3 einheimische Pflanzen und Tiere mit Namen und kann sie auch erkennen und beschreiben.			
Ich kann ein Experiment durchführen und anschließend mit eigenen Worten das Ergebnis aufschreiben.			
Ich kann aus unterschiedlichen Materialien etwas bauen, das funktioniert (z.B. eine Murmelbahn aus Papier oder ein Wasserrad).			
Ich kenne die Eigenschaften der wichtigsten Stoffe und Materialien (z.B. Holz, Metall, Papier) und weiß, wofür ich sie verwenden kann.			
Ich weiß, was ich für den Schutz von Natur und Umwelt tun kann, und kann dazu mindestens 3 Beispiele aus meinem Alltag nennen.			
Ich kann mithilfe einer Legende aus Landkarten oder Plänen Informationen entnehmen und diese anderen Personen erklären.			
Ich kenne die wichtigsten Verkehrszeichen und -regeln.			
Ich kann an mindestens 3 Beispielen erklären, worin sich das Leben der Menschen früher und heute unterscheidet und welche Gemeinsamkeiten es gibt.			
Ich kenne Beispiele für die Verschiedenartigkeit der Menschen in anderen Ländern und Kulturen und kann dies an mindestens 3 Beispielen erklären.			
Ich kann die Lebensweisen und Bedürfnisse unterschiedlicher Personengruppen (Männer, Frauen, junge/alte Menschen, Behinderte) beschreiben.			

Andere Kinder und ich	☺	😐	☹
Mit anderen Kindern arbeite ich gut in Partner- oder Gruppenarbeit zusammen.			
In einer Diskussion kann ich gut zuhören und auch die Meinung der anderen Beteiligten verstehen und akzeptieren.			
Wenn ich etwas nicht allein schaffe, kann ich andere Kinder um Hilfe bitten.			
Ich setze mich in der Klassengemeinschaft dafür ein, dass keiner ausgeschlossen oder ungerecht behandelt wird.			
Wenn es Streit in der Klasse gibt, dann bin ich ein guter Streitschlichter.			

Nachschlagen, recherchieren, präsentieren	☺	😐	☹
Ich weiß, wo und wie ich in Büchern, Lexika oder dem Internet Informationen finde, und kann dies an einem Beispiel erklären.			
Ich weiß, mit welchen Anschauungsmaterialien und Medien ich eine Präsentation interessanter gestalte und kann dies an einem Beispiel erklären.			
Ich weiß, welche Experten mir bei bestimmten Themen helfen können und wie ich mich mit Experten in Verbindung setzen kann.			
Ich kann die wichtigsten Informationen eines Sachtextes zusammenfassen und wiedergeben.			

In diesen 3 Punkten möchte ich mich im kommenden Schuljahr noch verbessern:

1. ____________________

2. ____________________

3. ____________________

Das muss ich dafür tun:

1. ____________________

2. ____________________

3. ____________________

Lebensgemeinschaft Wald

Erleben, Erforschen, Erkunden

1 Der Wald lädt zum Verweilen, Spielen, Entdecken und Erforschen ein. Beschreibe, was die Kinder auf dem Bild machen. Was davon interessiert dich? Begründe es.

Die Stockwerke des Waldes

In Laub- und Mischwäldern entwickeln sich abhängig vom Sonnenlicht verschiedene Stockwerke oder Schichten.

1. Ergänze das Waldbild mit den entsprechenden Ausschneidebildern von Seite 89.
2. Welche Tiere und Pflanzen leben in den einzelnen Waldschichten? Trage sie ein. Warum leben sie gerade dort? Begründe es.

Baumschicht:

Strauchschicht:

Krautschicht:

Moosschicht:

Zusammenleben

Im Wald bilden Pflanzen, Tiere, Pilze und andere Lebewesen eine Lebensgemeinschaft. Das bedeutet, dass alle Lebewesen voneinander abhängig sind. Viele Tiere ernähren sich von Pflanzen oder Waldfrüchten. Manche Tiere hingegen fressen andere Tiere. Pilze wiederum verwerten abgestorbenes Holz oder Laub zum eigenen Leben. Wenn zum Beispiel ein Eichhörnchen Haselnüsse frisst, selbst von einem Baummarder gefressen wird und dieser wiederum Beute eines Uhus ist, spricht man von einer Nahrungskette.

1. Klebe die Tierbilder von Seite 89 an die richtige Stelle, sodass eine Nahrungskette entsteht.

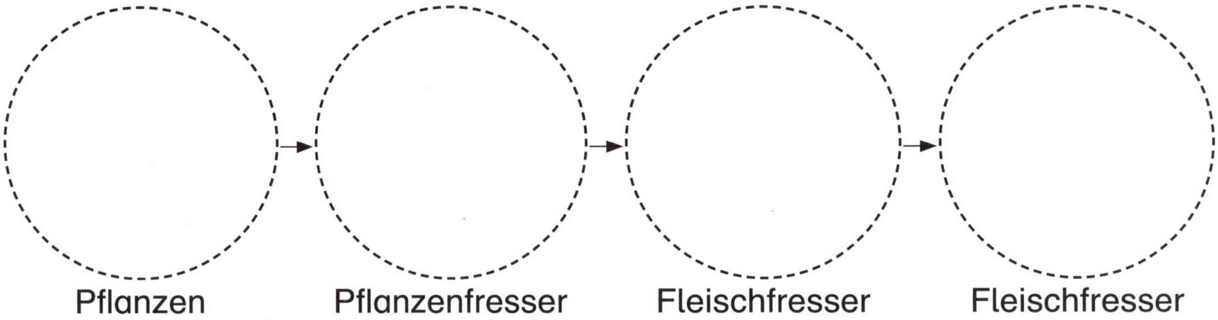

2. Wer oder was wird von wem gefressen? Zeichne Pfeilspitzen in dem folgenden Bild ein.

Weil in der Lebensgemeinschaft Wald viele Nahrungsketten miteinander verknüpft sind, spricht man auch von einem Nahrungsnetz.

Ihr könnt selbst für einige Zeit die Lebensgemeinschaft Wald im Klassenzimmer darstellen. Geht dazu folgendermaßen vor:

1 Baut aus Ästen und Zweigen euren eigenen Baum. Befestigt ihn vor einer Wand des Klassenzimmers.

2 Fertigt Steckbriefe von typischen Pflanzen und Tieren des Waldes an. Nehmt dazu ein DIN-A4-Blatt und faltet es in der Mitte. Schreibt auf die Außenseite den Namen des Tieres oder der Pflanze. Gestaltet auf der Innenseite einen Steckbrief mit Foto oder Zeichnung.

Name: ______________________

Fortpflanzung: ______________________

____

Lebensweise: ______________________

____

Nahrung: ______________________

____

Feinde: ______________________

Name: ______________________

Vorkommen: ______________________

____

Beschreibung: ______________________

____

Blütezeit: ______________________

Besonderheiten: ______________________

____

3 Kennzeichnet die Stockwerke und ordnet ihnen eure Steckbriefe zu. Verbindet nun mit unterschiedlich farbigen Wollfäden die Lebewesen, die jeweils eine Nahrungskette bilden. So entsteht ein Nahrungsnetz.

Das Buchenjahr

1 Zeichne die Entwicklung von Knospe, Blüte, Blatt und Frucht der Rotbuche in den verschiedenen Jahreszeiten. Beschrifte deine Zeichnungen.

Tiere und Pflanzen im Herbst:

____

____

Tiere und Pflanzen im Sommer:

____

____

2 Welche Tiere und Pflanzen leben zu dieser Jahreszeit in der Nähe der Rotbuche?

Tiere und Pflanzen im Winter:

Tiere und Pflanzen im Frühling:

Ein Baum wächst heran

Pflanzen können sich durch Samen oder Pflanzenteile vermehren. Ein Baum vermehrt sich durch Samen, die er jedes Jahr in großer Zahl hervorbringt. Nur wenige treffen auf die notwendigen Bedingungen, um keimen und wachsen zu können.

1 Ordne die Bilder der Samen und Blätter den Baumarten zu. Verbinde die Bilder und Begriffe mit der gleichen Farbe.

Eiche Ahorn Kiefer Buche Fichte

2 Welche Bedingungen brauchen die Samen zum Keimen? Achtung: Einige einheimische Baumarten sind Frostkeimer*.

____

3 Lass einen Baumsamen keimen. Trage deine Beobachtungen in einem Beobachtungsprotokoll zusammen.

Datum	Beobachtung	Skizze
3.5.	· Kastanie in die Erde gesteckt · Kastanie ruht in der Erde	
20.6.	· Keimling kommt aus der Erde und entfaltet erste Blättchen	
26.6.		

Wenn dein Bäumchen herangewachsen ist, kannst du es in der Natur auspflanzen.

Leben am Baumstumpf

Ein Baumstumpf bietet Pflanzen, Tieren, Pilzen und anderen Lebewesen günstige Lebensbedingungen.

1 Sucht einen verrotteten Baumstumpf. Betrachtet und untersucht ihn behutsam. Schreibt auf, was ihr entdeckt und wahrgenommen habt.

2 Zeichne den Baumstumpf mit einigen seiner Lebewesen möglichst genau ab. Beschrifte deine Skizze. Wenn du den Namen eines Tieres oder einer Pflanze nicht kennst, dann schaue in einem Bestimmungsbuch nach.

Lebensräume unserer Erde

Wir Menschen sind Teil der Natur und zugleich von ihr abhängig. Wir greifen in die Natur ein, indem wir sie verändern und nutzen. Diese Eingriffe können aber auch zu einer Bedrohung unserer natürlichen Lebensgrundlagen führen.

1 Lest aufmerksam die Texte. Ordnet das entsprechende Bild von Seite 93 dem passenden Text zu.

Der größte Teil der Erdoberfläche* ist von Wasser bedeckt. Die Weltmeere sind Teil des Wasserkreislaufs und bedeutsam für das Klima* der Erde. Sie tragen durch ihren Reichtum an Fischen und Meereslebewesen zur Ernährung der Menschen auf der Erde bei. Durch moderne Fischfangflotten droht jedoch eine Überfischung* der Weltmeere. Die Fischvorkommen nehmen immer stärker ab. Manche Fischarten können sich nicht in ausreichender Zahl vermehren.

Der regenreiche, feuchtwarme Regenwald zieht sich wie ein Band nahe des Äquators um die Erde. Er zeichnet sich durch eine große Vielfalt an Tieren und Pflanzen aus. Er wird abgeholzt und niedergebrannt, um Holz zu gewinnen und Platz für Felder und Weiden zu schaffen.
Die Abholzung des Regenwaldes vernichtet einen einzigartigen Lebensraum und die Heimat seiner Bewohner. Außerdem trägt sie womöglich zur Erwärmung des Klimas* bei.

Ein großer Teil der Landoberfläche der Erde ist mit Wüsten bedeckt. Wüsten gehören zu den Trockengebieten der Erde, weil es dort sehr selten regnet. Die wenigen Tiere und Pflanzen sind sehr gut an die extremen Lebensbedingungen angepasst. Viele der dort lebenden Menschen sind Nomaden* und betreiben Viehzucht oder in der Nähe von Flüssen und Oasen Ackerbau. Viele Wüsten breiten sich durch die Abholzung von Wäldern und die zu starke Nutzung der angrenzenden Gebiete immer weiter aus.

Ein weiterer Teil der Landfläche der Erde besteht aus Gebirgen. Die höchsten Gipfel sind meist mit Eis, Schnee oder Gletschern bedeckt. Gebirge beeinflussen das Klima* der Erde, weil sich an ihren Berghängen die Wolken abregnen. Durch die Erwärmung der Erdatmosphäre* sind sie jedoch bedroht. Das Eis der Gletscher schmilzt dadurch ab. Felsen und Geröllmassen werden freigelegt und beginnen zu rutschen. Gebirge werden auch durch den Menschen gefährdet, zum Beispiel durch den Ausbau von Skipisten oder die Abholzung von Bergwäldern.

An den beiden Polen der Erde finden wir die Polargebiete. Im Norden ist das die Arktis, im Süden die Antarktis. Auf den Eisplatten des Arktischen Ozeans leben Seehunde und Eisbären. Die Ureinwohner Alaskas, Kanadas und Sibiriens sind auf die dort lebenden Tiere angewiesen. Sie sind Jäger und handeln mit ihren Fellen und ihrem Fleisch. Durch die zunehmende Erwärmung der Erde wird dieser Lebensraum nach und nach zerstört.

2 Fülle mithilfe der Informationen aus den Texten folgende Tabelle aus.

Naturraum	**Bedeutung für den Menschen**	**Gefährdet durch:**
Weltmeer		
Regenwald		
Wüste		
Hochgebirge		
Polargebiet		

Der Mensch verändert die Umwelt

1 Beschreibt, was passiert, wenn der Mensch in die Natur eingreift.

2 Welche Vor- und Nachteile haben die Eingriffe des Menschen in die Natur? Sammelt Argumente, fasst sie zusammen und schreibt das Ergebnis auf.

Vorteile: ______________________________

____

____

Nachteile: ______________________________

____

____

Natur- und Umweltschutz geht alle an

Die Grundschule in Mühlbach hat sich in einem Schulprojekt mit dem Natur- und Umweltschutz beschäftigt. Jede Klasse hat sich dazu ein eigenes „Schutz-Projekt“ ausgesucht.

1 Welche Beiträge leistet diese Schule zum Natur- und Umweltschutz?

Klasse 4a

Wir haben uns beim Naturschutzbund erkundigt, wie wir unsere heimischen Vögel schützen können. Wir wollen nun im Werkunterricht Nistkästen bauen. Ein Vertreter des Naturschutzbundes hilft uns.

Klasse 4b

Wir haben uns über die Abholzung des Regenwaldes informiert und möchten einen Beitrag zu dessen Schutz leisten. Deshalb haben wir einen Flohmarkt veranstaltet und den Erlös einer Umweltschutzorganisation gespendet.

Klasse 1c

Wir waren im Tierheim und haben erfahren, wie verantwortungslos viele Menschen mit ihren Tieren umgehen. Wir haben abgesprochen, dass wir in den Ferien gegenseitig unsere Haustiere betreuen.

Klasse 2a

Wir haben uns über den Wasser- und Stromverbrauch unserer Schule informiert, nach Einsparungsmöglichkeiten gesucht und auch einige gefunden. Wir wollen von nun an beobachten, ob wir auf diese Weise Energie und Rohstoffe einsparen können.

Klasse 3a

Wir haben am „Tag der Artenvielfalt*“ teilgenommen und dabei festgestellt, welche Tiere und Pflanzen auf der Streuobstwiese hinter unserer Schule leben.

2 Überlegt gemeinsam, wie sich eure Klasse für den Natur- und Umweltschutz einsetzen könnte. Schreibt die 3 besten Vorschläge auf die leeren Karten.

Umweltfreundliche Energie aus Sonnenlicht

Elektrischer Strom kann auf verschiedene Weise erzeugt werden.
Hier siehst du einige Möglichkeiten.

1 Beschreibe die unterschiedlichen Möglichkeiten der Stromgewinnung.
Kennst du weitere?

Bei der Stromerzeugung durch die Verbrennung von Kohle, Erdöl und Erdgas entsteht das Gas Kohlenstoffdioxid. Es ist mitverantwortlich für den Temperaturanstieg der Erdatmosphäre. Um dem entgegenzuwirken, sucht man nach umweltschonenden Möglichkeiten der Stromerzeugung.

2 Bau dir ein Sonnenrad, um die Stromgewinnung mit einer Solarzelle zu erproben.

Das brauchst du:

- eine Solarzelle
- eine Korkscheibe
- einen Elektromotor
- Karton
- Leitungsdrähte mit Krokodilklemmen
- Stifte, Schere, Zirkel und Kleber

So gehst du vor:

1. Zeichne mit dem Zirkel einen Kreis von 10 cm Durchmesser auf den Karton. Schneide ihn anschließend aus.
2. Klebe die Korkscheibe genau in die Mitte der Rückseite des Kreises.
3. Stich mit der Zirkelspitze durch die Mitte des Kartons und der darauf befestigten Korkscheibe.
4. Stecke nun den Kreis mit der Korkscheibe auf die Motorachse.
5. Verbinde die Kontakte der Solarzelle und des Elektromotors mit Drähten zu einem Stromkreis.
6. Suche dir einen sonnigen, windgeschützten Platz, an dem dein Sonnenrad gut funktioniert.

Mein Fahrrad – startklar!

Jedes Fahrrad muss regelmäßig kontrolliert und gewartet werden, damit es einwandfrei funktioniert und verkehrssicher ist.

1 Überprüfe mithilfe der Liste dein eigenes Fahrrad. Kreuze entsprechend an.

Fahrradtest

Fahrradteile	in Ordnung ja	in Ordnung nein
verkehrssichere Teile: Lichtanlage, Bremsen, Klingel, Reflektoren	○	○
Sattel fest und hoch genug	○	○
Kette leichtgängig und geölt	○	○
Reifen aufgepumpt	○	○
Felgen, Speichen und Rahmen gereinigt	○	○

Ein Loch im Fahrradschlauch flicken

2 Beschreibe die einzelnen Arbeitsschritte. Klebe anschließend die Texte von Seite 89 in der richtigen Reihenfolge unter die Bilder.

Auf Radtour mit der Klasse

Die Kinder der Klasse 4 bereiten einen Radausflug vor.

1 Haben die Kinder an alles gedacht? Ergänze, was du noch mitnehmen würdest.

2 Sucht auf der Radwanderkarte einen interessanten Weg zum Radfahren aus. Zeichnet die geplante Wegstrecke ein. Messt mit einem Wollfaden die Länge auf der Karte. Rechnet nun mithilfe des Maßstabes die tatsächliche Weglänge aus.

Start: ____________ Ziel: ____________ Länge des Weges: _____ km

Rastplätze/Ziele unterwegs: ______________________________

1 : 100 000   0 1 2 3 4 5 m   1 cm entspricht ________ km.

- Ort
- Radwanderweg
- Wanderweg
- Straße
- Brücke
- Fluss
- Wald
- Wassermühle
- Rastplatz
- Denkmal
- Aussichtsturm
- Reiterhof

3 Malt die Karte nun farbig aus.

Radfahren im Schulgelände

Die Kinder üben mit dem Rad geschickt und sicher auf dem Schulgelände zu fahren.

1 Erkläre die einzelnen Übungen. Beschreibe, wo solche Situationen im Straßenverkehr vorkommen können. Klebe dazu die passenden Bilder von Seite 91 ein.

2 Erfindet in der Gruppe noch andere Geschicklichkeitsübungen mit dem Fahrrad. Gestaltet selbst eine Übungsstrecke auf eurem Schulgelände.

Wiederhole

1 Nenne jeweils 3 Tiere und 3 Pflanzen, die in den verschiedenen Stockwerken eines Waldes leben.

2 Nenne 3 Tiere, die im Wald leben, und erkläre, wie sie an diesen Lebensraum angepasst sind.

3 Auf welche Weise kann man Strom zur Energiegewinnung erzeugen?

4 Was gehört alles in die Reparaturbox für dein Fahrrad?

Schau nach

5 Was bedeutet der Begriff „Biotop“?

6 Wie könnte eine Nahrungskette im Lebensraum Teich aussehen?

	→		→		→	

7 Wie groß ist zur Zeit der Anteil von Solarstrom bei der Energiegewinnung in Deutschland?

8 Das Fahrrad wird ständig weiterentwickelt. Informiere dich über neue technische Erfindungen und Weiterentwicklungen zur Verkehrssicherheit von Fahrrädern.

Probiere aus

9 Du kannst Pflanzen nicht nur durch Früchte und Samen vermehren, sondern auch mit Pflanzenteilen, wie zum Beispiel Ablegern oder Stecklingen. Informiere dich darüber und probiere eine Vermehrungsart von Pflanzen selbst aus.

10 Bau dir aus einem Schuhkarton ein Haus, das du mithilfe von Solarzellen beleuchten kannst.

Schlauberger

1. Ist der Pilz eine Pflanze oder ein Tier?

2. Bekommt der Specht beim Klopfen Kopfweh?

3. Halten Bäume einen Winterschlaf?

4. Was ist der Unterschied zwischen Hochwild und Niederwild bei der Jagd?

Interesse geweckt?

5. Wo ist bei euch das nächste Forstamt? Frage nach, ob du dort einmal zuschauen und mithelfen kannst.

6. Suche im Internet nach Webcams, die Tiere in der freien Natur beobachten.

7. Informiere dich über die Arbeit von Umweltschutzorganisationen in deiner Region. Gibt es Möglichkeiten für dich, dort mitzuhelfen und etwas für den Erhalt von Natur und Umwelt zu tun?

8. In Naturparks und Nationalparks kannst du seltene Tiere und Pflanzen oft hautnah erleben. Dort werden auch Führungen, Aktivitäten und Ausstellungen für Kinder angeboten.

Nachgedacht

9. Zu fällen einen schönen Baum,
braucht's eine halbe Stunde kaum –
zu wachsen, bis man ihn bewundert,
braucht er, bedenkt es, ein
Jahrhundert!

Eugen Roth

10. Ist der Mensch Teil oder Gegenüber der Natur?

11. Können wir von der Natur lernen, was gut und richtig ist und wie wir leben sollen?

12. Haben Pflanzen und Tiere Gedanken und Gefühle wie wir Menschen?

13. Autofreie Stadt – Stadt der Zukunft?

Im Wandel der Zeit

Eine Stadt entsteht

900

1163

Die Bilder zeigen, was sich im Laufe der Jahrhunderte verändert hat.

1 Bildet Gruppen und sucht euch einen der folgenden Bereiche aus:

- Handwerk, Industrie, Erfindungen
- Besiedlung*, Bauweise
- Verkehrsmittel und Verkehrswege
- Natur, natürliche Rohstoffe*

2 Was hat sich in dem von euch ausgewählten Bereich verändert? Stellt eure Ergebnisse der Klasse vor. Tragt abschließend die Ergebnisse der anderen Gruppen ein.

Den Wandel der Zeit erfährt man nicht nur aus Bildern, sondern auch aus anderen Quellen*.

3 Welche Quellen* erzählen uns etwas über die Vergangenheit?

4 Sucht Quellen*, aus denen ihr etwas über den geschichtlichen Wandel eures Ortes erfahrt. Macht eine Ausstellung oder fertigt daraus eine Zeitleiste an.

Getreide – unser Grundnahrungsmittel

Brot und Teigwaren sind bei uns ein wichtiges Grundnahrungsmittel*. Sie werden aus gemahlenem Getreide hergestellt.

1 Aus welchen Getreidearten könnten die Backwaren in den Körben gebacken worden sein?

Bei uns werden hauptsächlich die Getreidearten Roggen, Weizen, Hafer und Gerste angebaut.

2 Beschrifte die Bilder der Getreidearten.

___________ ___________ ___________ ___________

3 Lies den Text über den Roggen. Beschrifte anschließend Pflanze und Ähre.

Der Roggen hat flache Wurzeln und einen hohen Stängel, der **Halm** genannt wird. Die Verdickungen am Halm, die **Knoten,** geben dem Stängel Festigkeit. An den Knoten wachsen lange, schmale **Blätter.** Der Fruchtstand am oberen Ende des Halmes heißt **Ähre.**

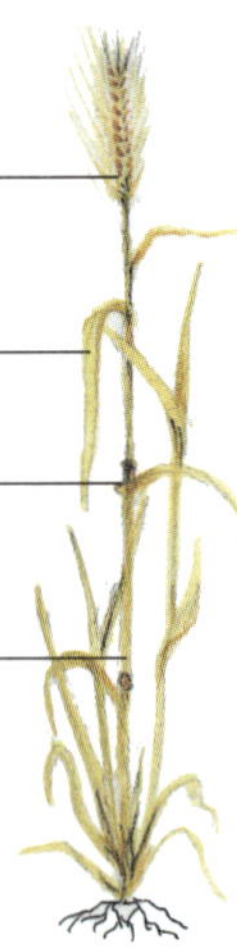

In den Ähren sind die Früchte des Roggens, die **Körner.** Sie werden von **Spelzen** umhüllt und haben borstige Fortsätze, die **Grannen.**

Von der Aussaat zur Ernte

1 Besorge dir von jeder Getreideart ein Korn. Betrachte es genau und zeichne es ab. Beschreibe anschließend Form und Farbe des jeweiligen Getreidekorns.

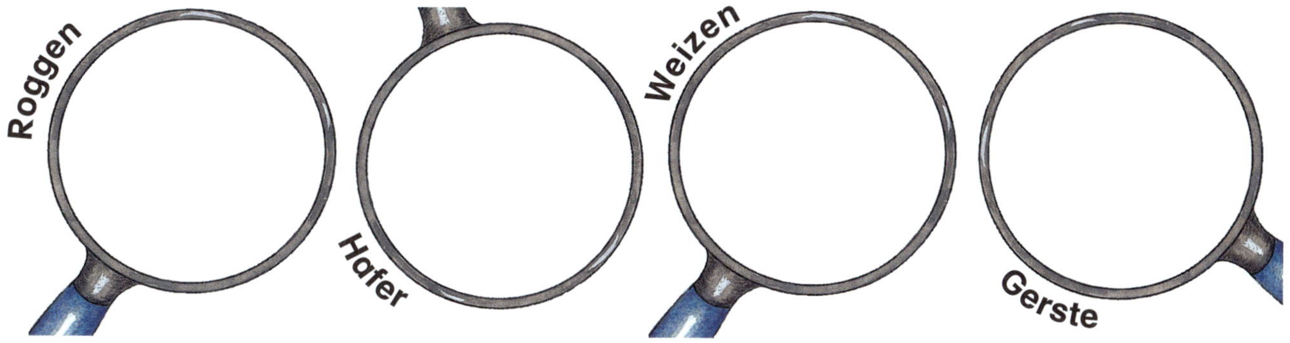

Von der Aussaat bis zur Ernte des Getreides sind viele Arbeitsschritte nötig.

2 Ordne die Bilder von Seite 91 den Arbeitsschritten in den vier Jahreszeiten zu.

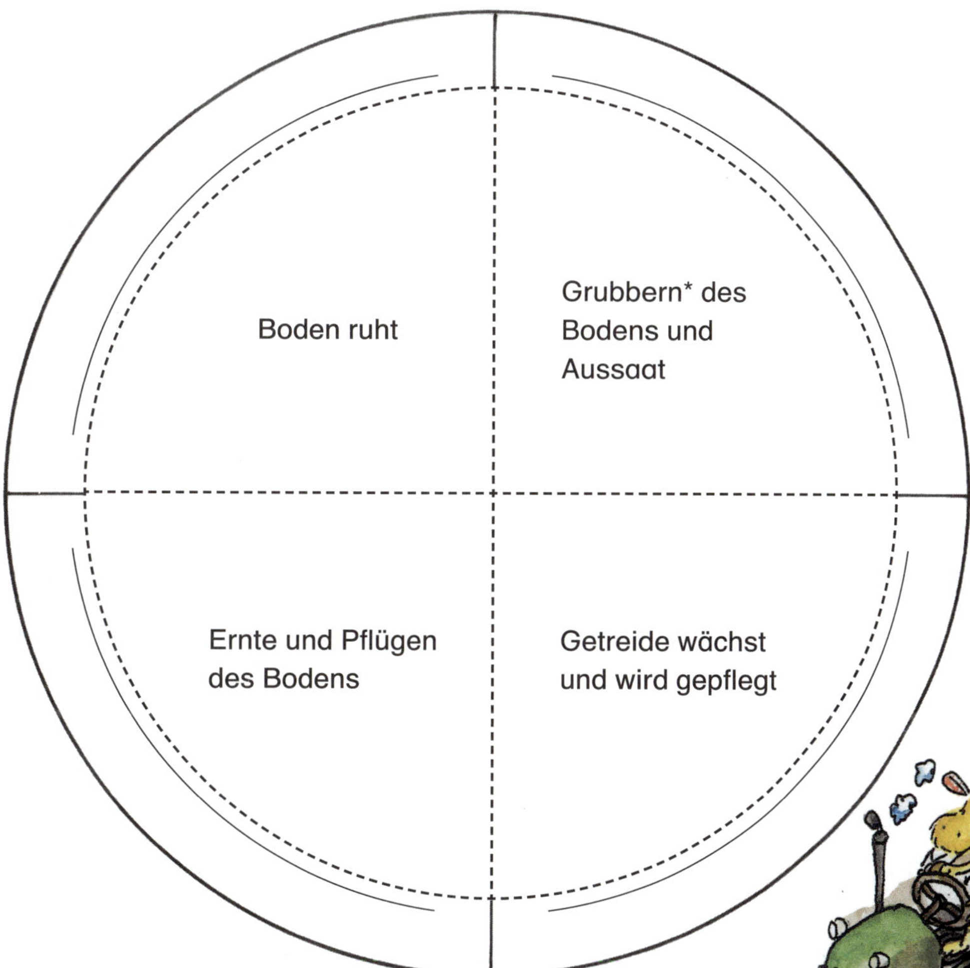

Getreide mahlen

Es war für Menschen schon immer eine große technische Herausforderung, das geerntete Getreide zu Mehl zu verarbeiten.

1 Ordne die Bilder von Seite 93 in die Zeitleiste ein.

4000 vor Chr. | 1200 nach Chr. | 17. Jh. | 20. Jh.

2 Welche Kraft treibt die verschiedenen Mühlen an?

Schiebemühle: ______________________

Tretmühle: ______________________

Wassermühle: ______________________

Industriemühle: ______________________

3 Wie könntet ihr selbst Mehl herstellen?

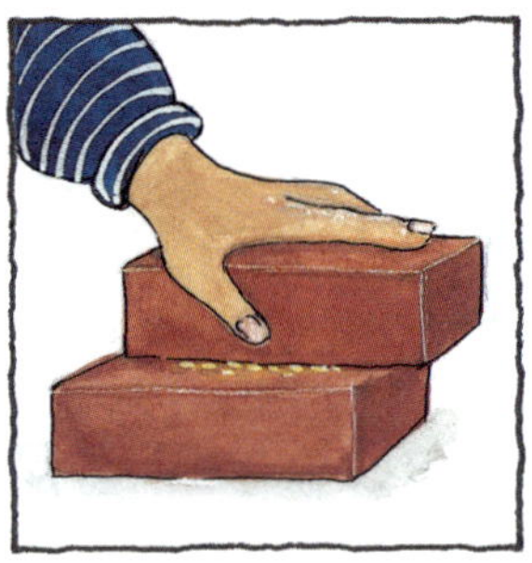

Info

Mehl kann unterschiedlich fein gemahlen werden. Den Feinheitsgrad bezeichnet man als Type. Die Typenbezeichnung gibt Auskunft darüber, wie viel Ballaststoffe*, Vitamine, Mineralstoffe*, Stärke und Kohlenhydrate* noch im Mehl vorhanden sind. Je niedriger die Typenbezeichnung, desto geringer sind die genannten Anteile. Vollkornmehl enthält die meisten Vitamine und Mineralstoffe und besitzt keine Typenbezeichnung.

Eine Reise in die Vergangenheit

Sensationelle Wiederentdeckung!

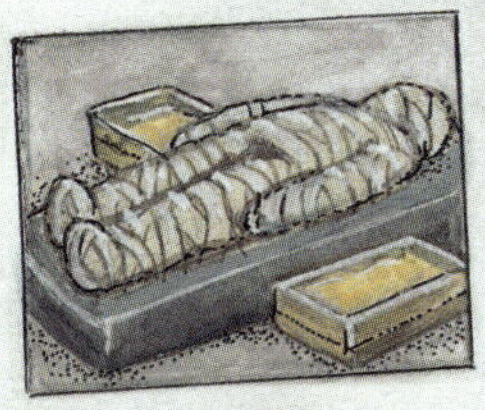

Durch Zufall wurde eine in Vergessenheit geratene Getreideart wieder entdeckt: der Kamut. Über die tatsächliche Herkunft des Kamuts wird noch immer von Wissenschaftlern diskutiert.

Schon im alten Ägypten erkannte man, dass die Früchte der Getreidepflanzen wichtig für die Ernährung des Mcnschen sind. Getreide wurde als „Schatz der Pharaonen" bezeichnet und als heilig verehrt. Man hortete es für Notzeiten in großen Speichern. Den Herrschern wurden Steinkisten voller Getreide mit in die Grabkammern gegeben. In einer dieser Kisten soll man Kamut gefunden haben. Kamut ist ein ägyptischer Namc und bedeutet „Seele der Erde".

1 Informiert euch über das Getreide Kamut.

2 Der heutige Weizen soll auch aus dem Kamut gezüchtet worden sein. Vergleiche das Korn des Kamuts mit einem Weizenkorn. Was entdeckst du?

	Unterschiede	**Gemeinsamkeiten**	**Durchschnittliche Größe von 10 Körnern in mm**
 Kamut			
 Weizen			

Wahrscheinlich wurde schon in Ägypten aus Mehl Brot gebacken. Es hatte die Form dünner Fladen.

3 Backt gemeinsam Fladenbrot. Schreibt zuvor auf, wie ihr dabei vorgehen müsst.

Rezept für Fladenbrot

Zutaten: 400 g Weizenmehl, 1 Messerspitze Salz, 1 Tasse lauwarmes Wasser, Öl für die Pfanne

____

____

____

Sternbilder

Die Sterne am Nachthimmel haben die Menschen schon immer fasziniert. Unsere Vorfahren benannten Gruppen von scheinbar beieinander liegenden Sternen nach Göttern, Tieren oder auch Dingen, denen sie ihrer Ansicht nach ein wenig ähnlich sahen. Sterne und Sternbilder waren vor allem für die Seefahrt zur Orientierung auf dem Meer wichtig. Die Sonne durchwandert, von der Erde aus gesehen, im Jahreslauf 12 Sternbilder, die man als Sternbilder des Tierkreises* bezeichnet. Jeder von uns ist unter einem Tierkreiszeichen geboren.

1. Welches Tierkreiszeichen hast du? Suche es auf einer Sternkarte* und zeichne es ab. Legt eure Sternzeichenbilder in der Klasse als Tierkreis aus.

2. Suche 4 weitere Sternbilder. Zeichne sie und benenne sie mit Namen.

Eines der bekanntesten Sternbilder des nördlichen Sternenhimmels ist der Große Wagen. Für dieses Sternbild haben die Völker der Erde unterschiedliche Namen gefunden. Bei den alten Römern wurden die sieben Sterne des Großen Wagens als „sieben Dreschochsen" gesehen, die um den Polarstern, das „Zentrum des Himmels", laufen. Die Griechen erblickten darin sieben Ochsen vor einem Pflug. Manche Sterne gehören zu verschiedenen Sternbildern, je nachdem, wer das Sternbild „erfunden" hat.

3. Zu Sternbildern gibt es viele Geschichten. Suche dir eine interessante Geschichte oder schreibe eine eigene. Ihr könnt die Geschichte auch in der Klasse als Rollenspiel, Bildergeschichte oder Erzählung vorstellen.

Die Himmelskugel

1 Beschrifte die Abbildung mithilfe der fett gedruckten Begriffe aus dem Text.

Über der nördlichen Erdhalbkugel* spannt sich der **nördliche Sternenhimmel.** Der **Polarstern** liegt ungefähr auf der Verlängerung der Erdachse* über dem Nordpol*. Wenn man auf der Nordhalbkugel der Erde steht und in Richtung des Polarsterns schaut, blickt man nach Norden. Der **Himmelsäquator*** teilt die nördliche von der **südlichen Himmelskugel.** Auf der Nordhalbkugel der Erde sieht man ganz andere Sternbilder als auf der Südhalbkugel.

2 Suche diese 4 Sternbilder auf der Sternkarte und benenne sie.

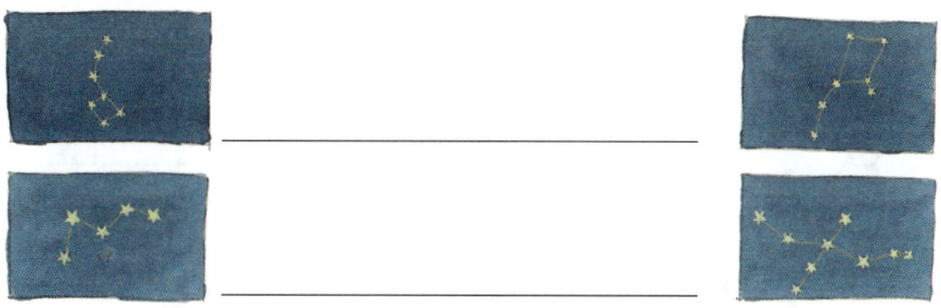

14.1., 20 Uhr

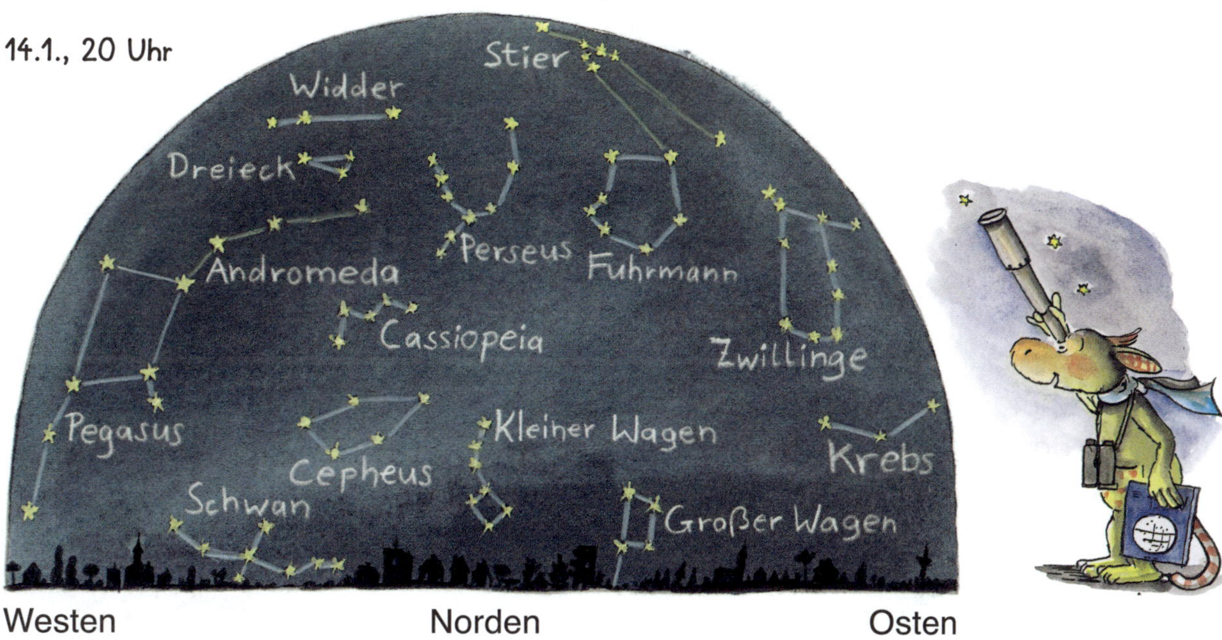

Der Polarstern – Wegweiser am Himmel

Wenn wir den nördlichen Sternenhimmel länger beobachten, dann sieht es für uns so aus, als ob sich alle Sterne und Sternbilder um den Polarstern drehen. Deshalb nehmen zum Beispiel die Sternbilder des Großen Wagens und des Kleinen Wagens je nach Uhrzeit eine andere Lage ein. In Wirklichkeit dreht sich nicht der Sternenhimmel, sondern die Erde um die Erdachse*.

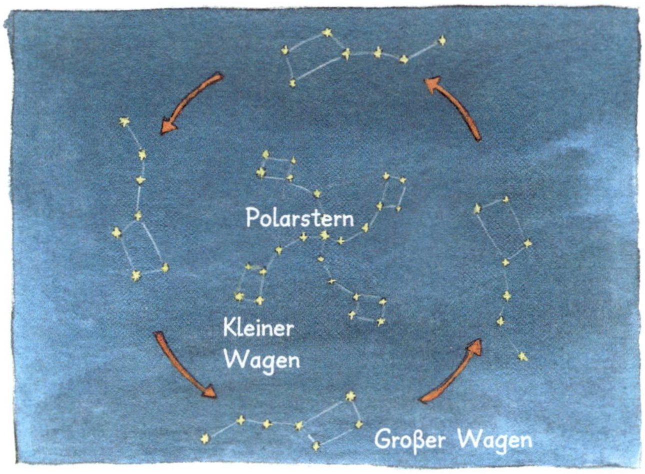

1 Auf dieser Abbildung erkennst du 2 Möglichkeiten, mithilfe der Sternbilder Kleiner Wagen und Großer Wagen den Polarstern am Himmel zu finden. Welche sind das?

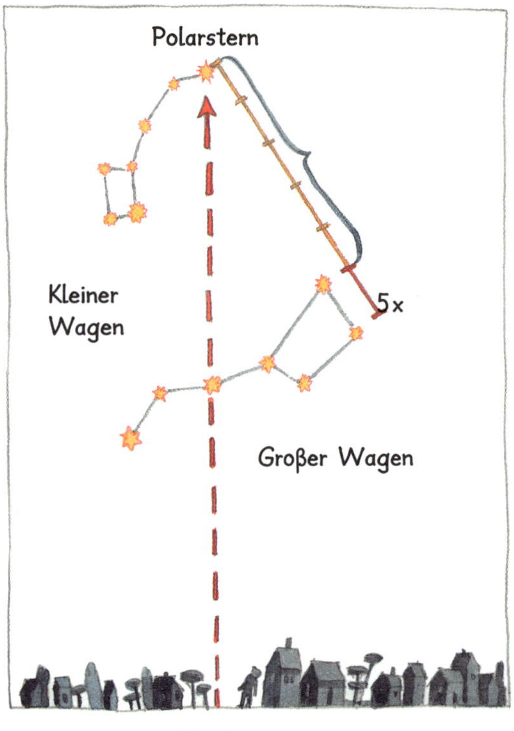

Norden

1) ______________________________

____

____

____

2) ______________________________

____

____

____

2 Suche ein Fenster, durch das du das Sternbild Großer Wagen sehen kannst. Hefte ein Stück Folie an das Fenster und zeichne darauf den Polarstern ein. Markiere nun die Lage des Großen Wagens einmal pro Stunde mit Filzstiften auf der Folie. Verwende dabei unterschiedliche Farben. Bringe deine Folie mit in die Klasse.

Wir bauen eine Sonnenuhr

1 Baue nach der folgenden Anleitung eine Sonnenuhr aus Pappe.

Du brauchst:

- 3 DIN-A-4 Bögen festen Karton
- ein großes Geodreieck
- Lineal
- Zirkel
- Cutter
- Stift
- Klebeband
- Kompass

So gehst du vor:

1. Schneide aus einem Karton ein Quadrat von 20 cm Seitenlänge. Zeichne darauf mit dem Zirkel einen möglichst großen Kreis. Unterteile diesen in 24 gleich große „Tortenstücke" und beschrifte sie wie das Zifferblatt einer Uhr. Schneide den Kreis nun aus.

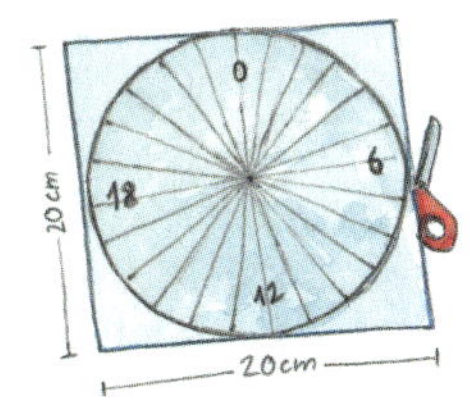

2. Nun braucht ihr ein Dreieck als Halter und Schattenwerfer für die Sonnenuhr. Sucht dafür zuerst den ungefähren Breitengrad eures Wohnortes auf der Karte von Seite 71 heraus. Diese Gradzahl ist einer der Winkel des Dreiecks, den ihr mit dem Geodreieck auf dem Karton als Linie 1 einzeichnet.

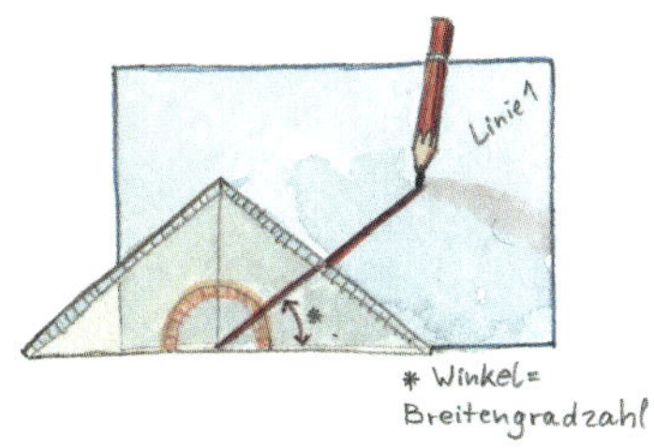

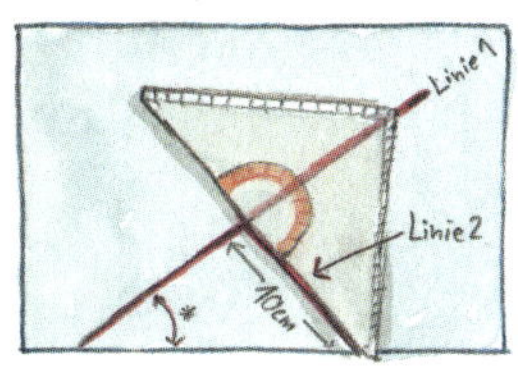

3. Verschiebt das Geodreieck auf Linie 1 so lange, bis der Abstand von Linie 1 zum unteren Kartonrand genau 10 cm beträgt. Zeichnet dort Linie 2 ein.
   Zeichnet Linie 3 senkrecht, wie auf der Abbildung angegeben, ein. Schneidet das Dreieck anschließend aus. Schlitzt Linie 2 des Kartondreiecks und das Zifferblatt an der 12-Uhr-Markierung jeweils 5 cm ein. Steckt nun beide Teile zusammen.

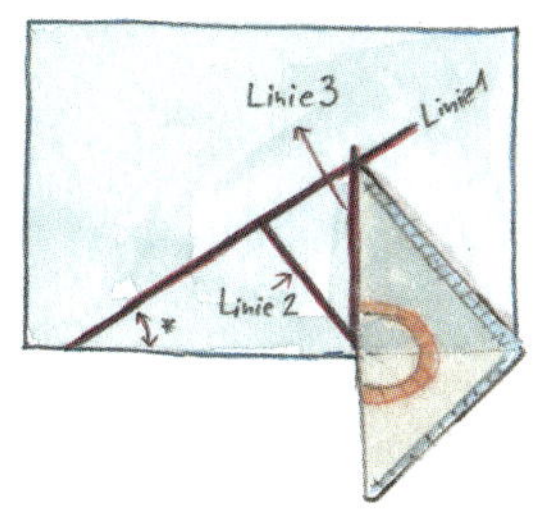

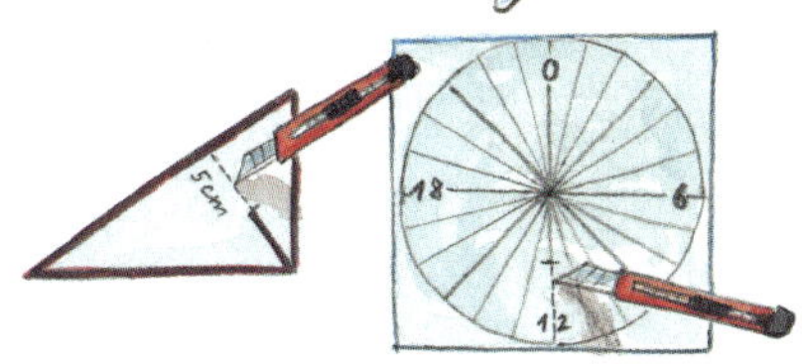

4. Schneide aus der dritten Pappe ein Rechteck mit 20 cm mal 25 cm Seitenlänge aus. Zeichnet darauf eine möglichst große Windrose. Fügt dann alles mit durchsichtigem Klebeband zusammen.

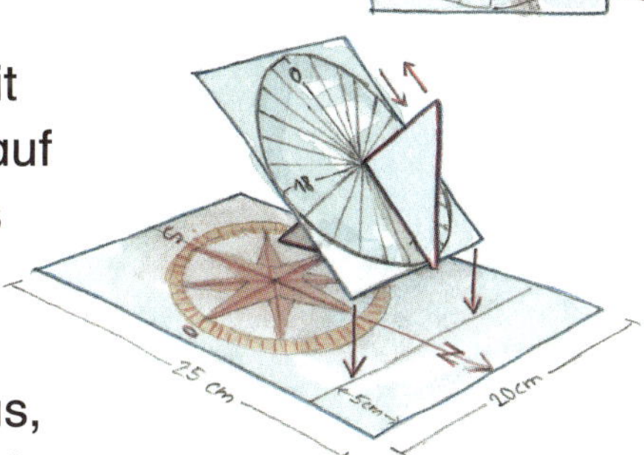

5. Richtet die Bodenplatte mit dem Kompass so aus, dass der Nordpfeil der Windrose nach Norden zeigt.

Der Kalender teilt die Zeit ein

Um die Zeit einteilen zu können, haben sich die Menschen schon immer an der Sonne, den Jahreszeiten, Tag und Nacht und den Mondphasen* orientiert. Durch genaue Beobachtungen und langjährige Aufzeichnungen entdeckten sie wiederkehrende Ereignisse in der Bewegung von Sonne, Mond und Erde. Diese Erkenntnis führte in der Geschichte des Menschen zur Entwicklung von immer genaueren Kalendern.

1 Ordnet die Bezeichnung der 4 Kalender den passenden historischen Zeitangaben auf der Zeitleiste zu.

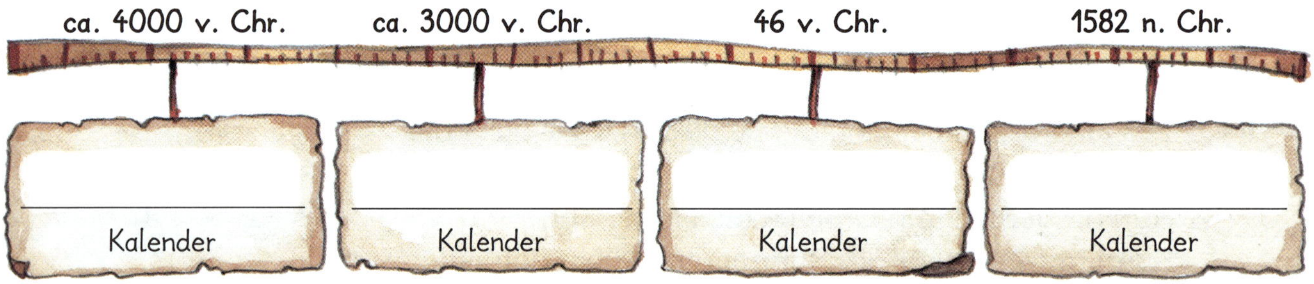

Julianischer Kalender
Der römische Kaiser Julius Caesar legte im Jahre 46 v. Chr. die Länge eines Jahres auf 365,25 Tage fest. Das entspricht der Zeit, in der sich die Erde ungefähr einmal um die Sonne dreht. Er führte auch die Schaltjahre* ein, indem er alle 4 Jahre am Ende des Monats Februar einen Tag dazugab. Wir nennen diese Zeitrechnung auch julianischen Kalender.

Gregorianischer Kalender
Ein Fehler in den Berechnungen der Römer führte dazu, dass dieser Kalender nicht genau mit der Bewegung von Erde und Sonne übereinstimmte. Im 16. Jahrhundert ging er bereits um 10 Tage falsch. Daher bestimmte Papst Gregor XIII., dass 10 Tage dieses Jahres einfach gestrichen wurden. Nach dem 4. Oktober kam gleich der 15. Damit Kalender und Erdumlauf übereinstimmen, führte er die Regelung ein, dass es in allen Jahren, die durch 100, aber nicht durch 400 teilbar sind, kein zusätzliches Schaltjahr* gibt. Der gregorianische Kalender ist noch heute gültig.

Mondkalender
Eines der ersten Völker, von denen wir wissen, dass sie eine Zeitrechnung hatten, waren die Sumerer. Schon 3000 v. Chr. beobachteten sie sehr genau den Mond und den Wechsel der Mondphasen* und teilten danach ein Jahr in 12 Monate mit jeweils 30 Tagen ein.

Sonnenkalender
Die Grundlage für unseren heutigen Kalender schufen die Ägypter etwa 4000 v. Chr. Ihr Kalender bestand aus 12 Monaten mit 30 Tagen, also 360 Tagen im Jahr. Um dies in Einklang mit einem Sonnenjahr zu bringen, hängten sie 5 zusätzliche Tage an das Ende des Jahres. Die Ägypter hatten errechnet, dass ein Sonnenjahr etwa 365 1/4 Tage lang ist, aber statt alle 4 Jahre einen Tag mehr zu haben, ließen sie den Vierteltag einfach weg. Das führte dazu, dass alle 1460 Sonnenjahre 1461 ägyptische Jahre vergingen und dadurch mit der Zeit die Sommermonate in den Winter fielen.

Wiederhole

1. Nenne je 3 historische Verkehrsmittel zu Lande, zu Wasser und in der Luft.

2. Warum wurden Städte häufig an Wasserwegen gegründet?

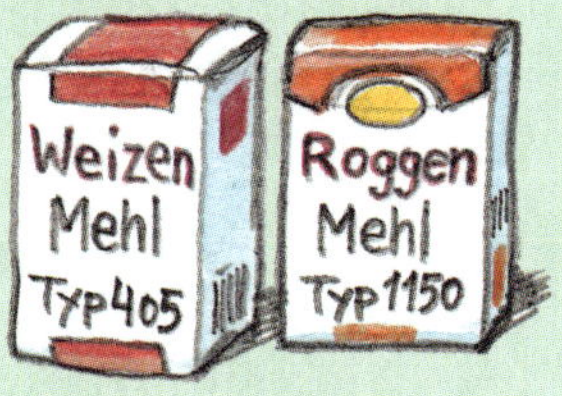

3. Worüber gibt die Typenbezeichnung beim Mehl Auskunft?

4. Nenne 4 verschiedene Mühlen, mit denen aus Getreide Mehl hergestellt werden kann.

5. Woher haben die Sterne und Sternbilder ihre Namen?

6. Wie kannst du bei uns mithilfe der Sterne herausfinden, wo Norden ist? Nenne 2 Möglichkeiten.

Schau nach

7. Wo oder bei wem könntet ihr euch über die Geschichte eures Ortes informieren?

____

8. Informiere dich über eine berühmte historische Persönlichkeit deiner Region. Was hat sie berühmt gemacht und welche Spuren hat sie bis heute hinterlassen?

9. Aus welchen Getreidearten können diese Produkte hergestellt werden?

		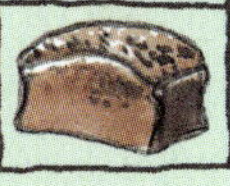	

10. Getreidekörner, aber auch Früchtekerne galten lange Zeit als Maßeinheit für wertvolle Schmuckgegenstände oder Edelsteine.
1 Gran = 1 Gerstenkorn
1 Karat = 1 Samenkern aus der Schote des Johannisbrotbaums; entspricht 3 Gerstenkörnern
Erkundet, ob die Maßeinheiten auch heute noch eine Bedeutung haben.

Probiere aus

1 Probiere selbst aus, wie verschiedene Getreidearten keimen und daraus eine neue Pflanze wächst. Lege ein Beobachtungsprotokoll an.

2 **Haben Sterne eigentlich Zacken?**

1. Nimm eine Glasscheibe oder eine durchsichtige Plastikfolie und raue sie mit einem groben Schmirgelpapier auf.
2. Halte die Glasscheibe oder Folie vor eine brennende Kerze. Was kannst du beobachten?

---

3 **Sternbilder erraten**

Du brauchst: • Diarahmen • Diaprojektor • Alufolie • Stecknadel

So gehst du vor:

1. Spanne Alufolie straff in die Diarahmen.
2. Zeichne mit einem wasserfesten Stift Sternbilder auf die Alufolie und kennzeichne die Hauptsterne.
3. Durchbohre mit der Stecknadel die Hauptsterne der Sternbilder.

In einem abgedunkelten Raum könnt ihr nun den Diaprojektor starten und erraten, welche Sternbilder auf die Leinwand projiziert werden.

Schlauberger

4 Warum wurden manche Städte im Laufe von Jahrhunderten zu Großstädten und andere nicht?

5 Warum können wir den Sternenhimmel tagsüber nicht sehen?

6 Warum sehen wir die Sonne am Abend oft rot?

7 Wie entstehen Sternschnuppen?

8 Warum fallen die Sterne nicht vom Himmel?

Interesse geweckt?

1 Gehe in deinem Wohnort auf Fotosafari und fotografiere Spuren der Geschichte. Lege ein Fotoalbum oder einen historischen Stadtführer dazu an.

2 Brot und Brötchen können auf viele verschiedene Arten gebacken werden. Lege dir eine Rezeptsammlung an und probiere einige Rezepte davon aus.

3 Gibt es in eurer Nähe eine funktionierende Getreidemühle? Informiert euch, macht Fotos und fertigt Zeichnungen der Mühle und des Mahlwerks an.

4 Bei regelmäßigen Himmelsbeobachtungen mit einem Fernglas oder Teleskop lassen sich faszinierende Entdeckungen machen, die du in einem Forschertagebuch aufzeichnen und eintragen kannst.

5 Die Auszeichnung „Welterbestätte" erhalten Kulturdenkmäler und Naturdenkmäler, die Zeugnisse großartiger Kulturleistungen oder Naturphänomene sind. Auch wenn sie stumm sind, erzählen sie doch sehr viel über die Vergangenheit.
Gibt es solche Welterbestätten auch in deiner Umgebung?

Nachgedacht

6 Wie sieht euer Ort wohl in 100 Jahren aus? Ihr könnt dazu ein großes Wandbild gestalten, ein Modell bauen oder vielleicht ein Hörspiel aufnehmen.

7 Frische Erdbeeren aus Kenia im Dezember?

8 Was denkt ihr darüber?

9 Per aspera ad astra – ist eine lateinische Redewendung, die übersetzt heißt: „Auf rauem Pfad gelangt man zu den Sternen". Was bedeutet das?

Alles mit Gefühl

An den folgenden Stationen erfahrt ihr etwas über das Thema Gefühle.

1 Bildet Gruppen und bearbeitet die Stationen der Reihe nach.

1 Eine Liste voller Gefühle

1. Schreibt möglichst viele Verben und Adjektive der in der Tabelle genannten Gefühle auf kleine Zettel.
2. Ordnet die genannten Begriffe den Gefühlen zu und tragt sie anschließend in die Tabelle ein.

Glücklichsein	Ärger	Traurigkeit	Angst	Liebe	Vertrauen

2 Mimik und Gestik

1. Schreibt die Gefühle aus der Liste von Station 1 jeweils auf einen Zettel und faltet ihn zusammen.
2. Jedes Gruppenmitglied zieht nun einen Zettel und versucht, das Gefühl durch Körperhaltung und Gesichtsausdruck darzustellen.
Die anderen Gruppenmitglieder nennen das dargestellte Gefühl und beschreiben Körperhaltung und Gesichtsausdruck.

③ Gefühlsmosaik

1. Sammelt Bilder aus Zeitschriften, von Menschen, die Gefühle zeigen. Besprecht miteinander, welche Gefühle dargestellt sind.
2. Ordnet die Bilder den unterschiedlichen Gefühlen zu und macht daraus ein Poster.

④ So fühle ich mich

1. Schreibe auf, welche Gefühle du am häufigsten spürst. Benutze dafür jeweils eine andere Farbe.

   1. ______________________________
   2. ______________________________
   3. ______________________________
   4. ______________________________

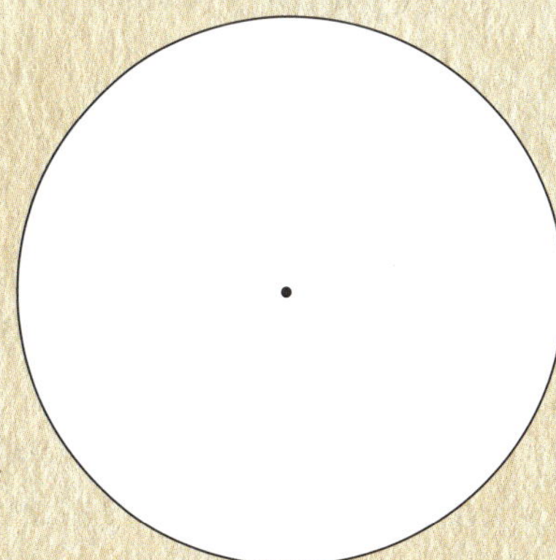

2. Male nun den Kreis mit den 4 verschiedenen Farben so aus, dass man wie bei einer Torte sieht, zu welchen Anteilen du diese Gefühle empfindest.

⑤ Wie ich mich einmal gefühlt habe

1. Nenne für jedes der 4 Gefühle von Station 4 ein Ereignis, bei dem du dieses Gefühl deutlich gespürt hast. Berichte davon.

   Ich fühlte mich ________________, als ________________________.

   Ich fühlte mich ________________, als ________________________.

   Ich fühlte mich ________________, als ________________________.

   Ich fühlte mich ________________, als ________________________.

Typisch Mädchen – typisch Junge

1 Hier siehst du Mädchen und Jungen in unterschiedlichen Situationen.

2 Typisch Mädchen? Typisch Junge? Was meinst du dazu? Schreibe deine Gedanken in Stichworten auf Karten. Beachte dabei folgende Farbregel:

Schreiben über	Mädchen	Jungen
Mädchen	in rot	in blau
Jungen	in rosa	in grün

3 Legt nun die Karten aus und ordnet eure Gedanken. Welche Meinungen werden von Jungen und Mädchen über das andere Geschlecht geäußert? Diskutiert darüber und überlegt, welche Eigenschaften zutreffen und welche nicht.

4 Vor etwa 200 Jahren beschrieb der Dichter Friedrich Schiller in seinem Gedicht „Die Glocke“, welche Aufgaben Männer und Frauen im Leben damals übernahmen. Vergleiche seine Beschreibung mit der Aufgabenverteilung von Frauen und Männern heute.

Was ist eigentlich Pubertät?

„Post“ aus dem Gehirn
In der **Pubertät** verändert sich der Körper. Aus Mädchen werden Frauen und aus Jungen werden Männer. Wie der ganze Körper, so wachsen auch die **Geschlechtsorgane.** Bei Frauen reifen Eizellen heran, bei Männern Samenzellen. Alle diese Veränderungen werden durch winzige Mengen besonderer Flüssigkeiten ausgelöst. Man nennt diese Flüssigkeiten **Hormone*.** Es gibt viele verschiedene Hormone. Alle haben gemeinsam, dass sie Botschaften enthalten, die nur ganz bestimmte Teile des Körpers verstehen und dann ausführen. In der Pubertät werden solche Botschaften von einer kleinen Drüse mitten im Gehirn an die Geschlechtsorgane versandt. Sie beginnen zu arbeiten. Aber auch das Verhalten der Menschen verändert sich.

1 Erkläre mit eigenen Worten folgende Begriffe:

Pubertät: ____________________

Geschlechtsorgane: ____________________

Hormone: ____________________

2 Trage die passenden Zahlen aus dem Text an der richtigen Stelle der Bilder ein.

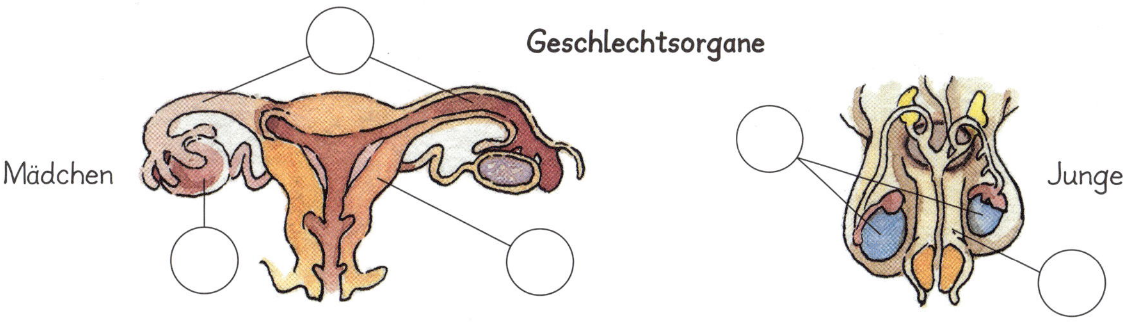

Jeden Monat wird im Eierstock (1) eine Eizelle reif. Sie gelangt durch den Eileiter (2) in die Gebärmutter (3). Die Gebärmutter ist von innen mit einer Schleimhaut ausgekleidet. Findet eine Befruchtung statt, geht die Eizelle in diese Schleimhaut hinein. Wenn nicht, wird die Schleimhaut abgebaut. Es kommt zu einer Blutung aus der Scheide heraus. Diese Zeit nennt man „die Regel“, „die Tage“ oder „Menstruation“. Das Blut wird während dieser Zeit von Binden oder Tampons aufgenommen.

Jungen merken häufig im Schlaf, dass sich ihre Geschlechtsorgane entwickeln. Der Penis (1) wird steif und hart und es kann zu einem Samenerguss kommen. Dabei kommt die weißliche Samenflüssigkeit aus dem Penis heraus. Sie wird in den Hoden (2) und Drüsen der männlichen Geschlechtsorgane gebildet.

Durch die Pubertät verändert sich nicht nur der Körper. Auch die Gefühle eines Menschen und seine Art, mit anderen zusammenzuleben, ändert sich.

1 Kennzeichne körperliche Veränderungen durch blaue, gefühlsmäßige durch rote und Veränderungen im Zusammenleben mit anderen durch grüne Farbkästchen.

2 Betrachte die Bilder. Wie verhalten sich Lea und Dominik zueinander?

3 Wenn Mädchen und Jungen sich kennenlernen möchten, ist oft der erste Schritt dazu besonders schwierig. Wie stellst du es an, jemanden als Freund oder Freundin zu gewinnen? Wie gestaltest du den ersten Schritt?

Kameradschaft, Freundschaft, Liebe

An einem Sommertag im Park: So können sich Menschen begegnen

1 Schreibt auf je ein leeres Plakat die Wörter Kameradschaft, Freundschaft, Liebe und Sexualität. Findet Erklärungen für diese Begriffe und schreibt sie auf Karteikarten. Klebt sie auf die Plakate.

2 Findet gemeinsam eine Erklärung für die Begriffe.

Freundschaft: ____

____

Liebe: ____

____

Sexualität : ____

____

Schön, dass du so bist

Zu einem besonderen Anlass schenkt man sich Blumen. Heute darfst du dir einmal selbst Blumen schenken.

1 Denke darüber nach, was du bereits alles kannst und erlebt hast. Überlege auch, welche besonderen Eigenschaften du besitzt und welche Menschen dir wichtig sind. Schreibe dies in die Blütenblätter.

2 Vergleiche deinen Blumenstrauß mit denen der Kinder deiner Klasse. Anschließend kannst du noch weitere Blütenblätter hinzufügen.

3 Jeder Mensch hat nicht nur gute Eigenschaften, sondern auch kleine Fehler und Schwächen. Geht es dir auch so? Nenne Beispiele.
Schreibe auf einen Zettel Dinge, die du in Zukunft besser oder anders machen möchtest. Verschließe den Zettel in einem Kuvert. Öffne es einen Monat später. Hat sich in der Zwischenzeit etwas verändert?

Achtung: Suchtgefahr!

Auf diesen 4 Bildern siehst du, wie Kinder etwas erleben und darauf ansprechen.

1 Betrachte die Bilder. Erkläre, warum sich die Kinder so verhalten.

2 Lies die Beschreibungen. Entscheide, ob eine Sucht vorliegt. Trage den Suchtbegriff an den entsprechenden Stellen ein.

Janin möchte eine Figur wie die Models in den Zeitschriften haben. Dafür hat sie lange Zeit kaum etwas gegessen. Jetzt ist sie so mager, dass schon die Wangenknochen hervortreten. Hunger verspürt sie nicht mehr.

____

Steffi hat Angst davor, zur Arbeit zu gehen. Sie nimmt morgens und mittags ein Beruhigungsmittel ein. Ohne diese Medikamente kann sie nicht mehr arbeiten.

____

Tom geht in jeder Arbeitspause zum Rauchen. Auch in der Freizeit hält er es nicht lange aus, ohne zu rauchen. Wenn er nicht rauchen kann, wird er sehr unruhig und schlecht gelaunt.

____

Jeremie isst kein Fleisch, weil er Mitleid mit den Tieren hat. Am liebsten isst er nur Obst und Gemüse.

____

Paul kann nicht mit dem Trinken aufhören, weil er sich oft allein fühlt. Er trinkt so viel Bier und Schnaps, dass er meist betrunken ist.

____

Karin hat Grippe. Sie muss das Bett hüten und kann nicht in die Schule gehen. Sie hat vom Arzt Antibiotika* verschrieben bekommen.

____

Verletzt – was tun?

1 Verletzungsgefahr! Was könnte hier passieren?
Schreibe die Begriffe **Schürfwunde**, **Schnittwunde**, **Nasenbluten** und **Brandwunde** unter die zugehörigen Zeichnungen.

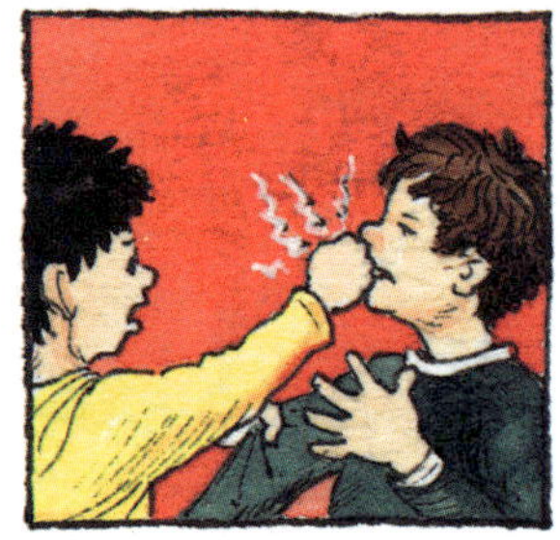

2 Was ist nach der Verletzung jeweils zu tun? Ordne die Texte von Seite 95 richtig zu.

3 Bei Schnitt-, Schürf- und Platzwunden sollte ein Schnellverband angelegt werden. Stelle dir zuerst ein „Erste-Hilfe-Paket" aus folgenden Materialien zusammen:

- Pflaster in verschiedenen Breiten
- Verbandpäckchen
- sterile* Wundauflage
- Heftpflaster

4 Übe das Anlegen verschiedener Schnellverbände mit einer Partnerin oder einem Partner und stellt die 4 gezeigten Verbände her.

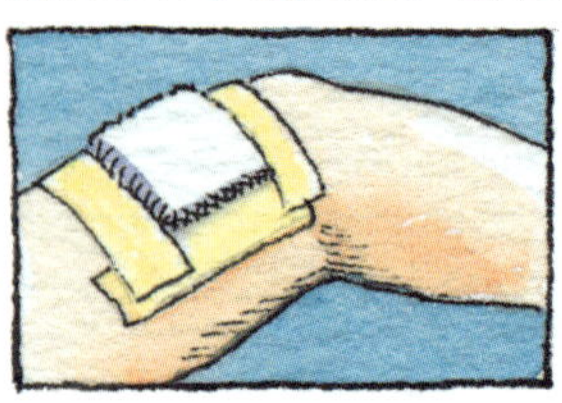

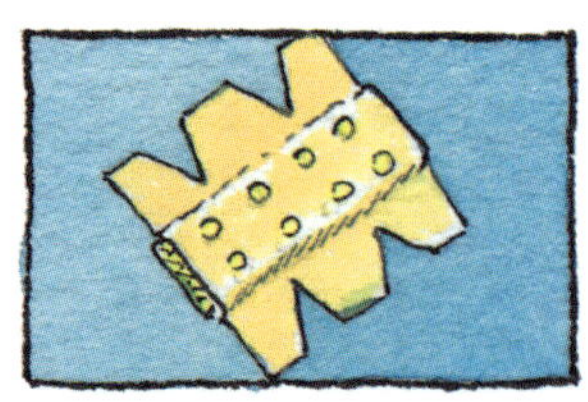

5 Besprecht anschließend, für welche Körperteile sie verwendet werden sollen.

Notruf 112

Es gibt Fälle, in denen du rasch Hilfe herbeiholen musst.

1 Wo kannst du überall einen Notfall melden?

1 ______________________ 4 ______________________

2 ______________________ 5 ______________________

3 ______________________ 6 ______________________

2 Du willst nun diesen Notfall melden. Formuliere jeweils einen Satz.

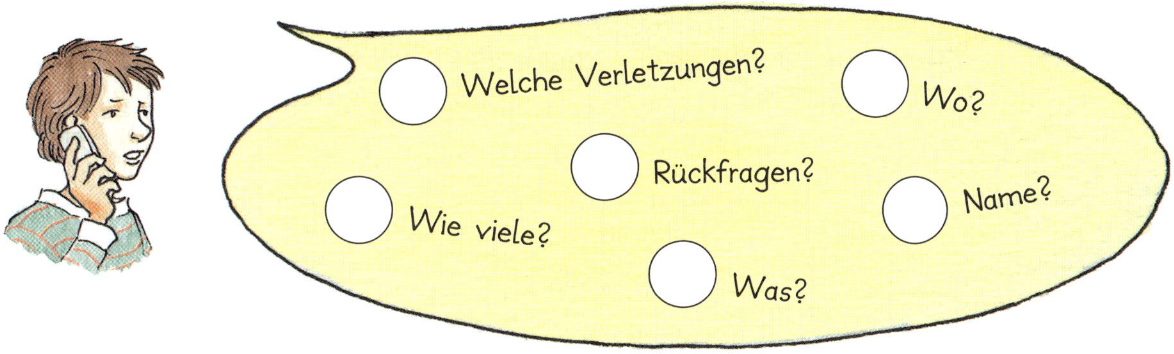

1 ____

2 ____

3 ____

4 ____

5 ____

6 ____

3 Informiert euch über die Tätigkeitsbereiche verschiedener Hilfsorganisationen*. Stellt eure Ergebnisse in der Klasse vor.

Johanniter-Unfall-Hilfe · ASB · Malteser · Deutsches Rotes Kreuz

Feuerwerkstatt

Feuer war für die Menschen lebensnotwendig, zugleich aber auch gefährlich. Sie mussten lernen, mit ihm umzugehen.

1 Welche Bedeutung hatte Feuer für die Menschen früher? Wie ist es heute?

früher: ______________________________

____

heute: ______________________________

____

2 Bevor ihr die Versuche in der Feuerwerkstatt durchführt, müsst ihr einige Sicherheitsbestimmungen einhalten und euren Arbeitsplatz entsprechend einrichten.

Feuerfeste Unterlage

Löschmittel

Haarband/Kleidung

Fluchtwege

Führt die folgenden Versuche nur in Anwesenheit Erwachsener durch!

① Welche Stoffe brennen?

1. Was passiert, wenn du verschiedene Stoffe entzündest? Setze die richtigen Begriffe in die Tabelle ein.

Stoff	Vermutung	Beobachtung

glimmt, brennt sofort, schmilzt, brennt nicht, schwer entzündbar, qualmt leicht, qualmt stark, stinkt

② Kerzenflammen-Experimente

1. Stelle ein Teelicht auf die feuerfeste Unterlage und zünde es an. Stülpe nun vorsichtig ein Glas über das Teelicht. Was passiert?

Vermutung:

____

Beobachtung:

____

2. Führe den Versuch mit verschieden großen Gläsern durch. Miss jeweils die Zeit. Was stellst du fest?

____

____

____

③ Leicht entzündbar?

Feuer kannst du auch ohne Streichholz oder Feuerzeug entzünden. Manche Stoffe sind schwer, manche leicht entzündbar.

1. Probiere es aus und trage die Ergebnisse ein.

Stoff	Beobachtung

④ Das Feuerdreieck

1. Damit Feuer brennen kann, müssen 3 Bedingungen erfüllt sein, die du an den Stationen 1-3 beobachten konntest. Welche sind das?

Station 1: ______________________________

Station 2: ______________________________

Station 3: ______________________________

Wenn eine der Bedingungen fehlt, geht das Feuer aus. Welche der drei fehlt auf den Bildern? Male den entsprechenden Begriff im Feuerdreieck rot an.

Vom Wasser zum Trinkwasser

1 Woher kommt das Wasser, das wir als Trinkwasser zu uns nehmen?

2 Trinkwasser ist ein wichtiges Nahrungsmittel. Informiert euch, welche Anforderungen es erfüllen muss.

Aufbereitung von Trinkwasser

Damit wir Wasser gefahrlos trinken können, muss es meistens noch einmal gereinigt werden. Auf dem natürlichen Weg durch die Erdschichten wird das Wasser bereits gefiltert. Aus Brunnen, die über 100 Meter tief sein können, wird das Grundwasser in ein Wasserwerk gepumpt. Je nach Ort und Gegebenheiten werden in den Wasserwerken unterschiedliche Filterungsverfahren angewendet. Mit den folgenden Versuchen kannst du dir eine Vorstellung davon machen, welche Reinigungsverfahren es gibt.

3 Führe die 3 Versuche durch. Was kannst du beobachten?

1.

2.

3.

4. Bevor das aufbereitete Wasser über den Wasserbehälter und die Rohrleitungen zu den Verbrauchern fließt, wird es zur Sicherheit desinfiziert*.

Wasserwege

Damit das Trinkwasser zu uns kommt, muss es lange Strecken und unterschiedliche Höhen überwinden und manchmal sogar bergauf fließen. Mit einfachen Versuchen kannst du herausfinden, wie das funktioniert.

1 Probiere aus, wie das Wasser sich verteilt, und ergänze die Zeichnungen.

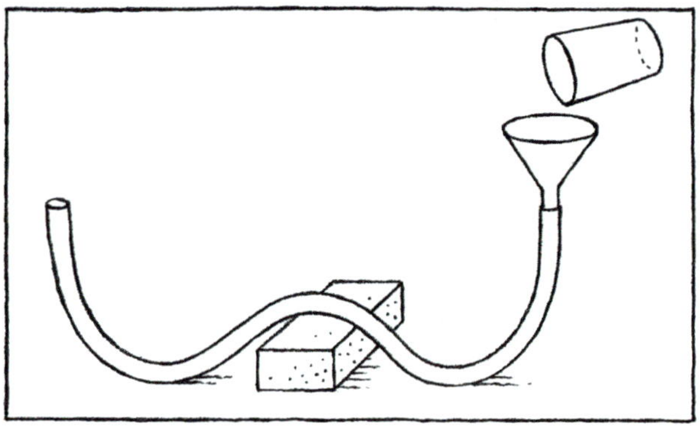

2 Wie kommt das Wasser in den unteren Becher, ohne dass du die Becher bewegst? Probiere es aus.

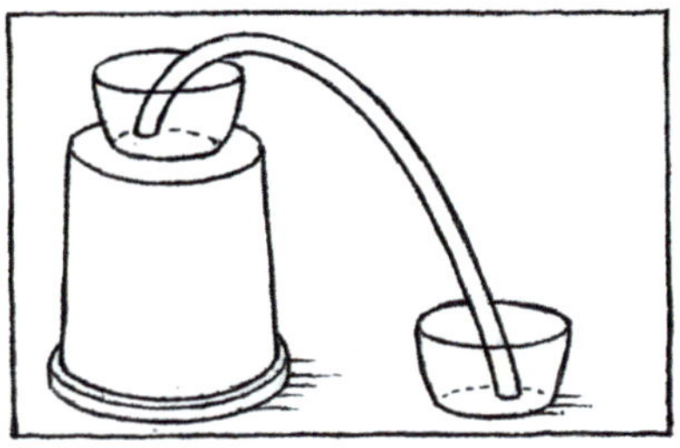

Meine Vorgehensweise:

___

___

___

3 Welche Wege könnte das Wasser noch überwinden. Baut selbst eine Wasserleitung, die verschiedene Hindernisse überwindet.

Info

„Kommunizierende" Röhren sind Röhren oder Behälter, die alle am unteren Ende miteinander verbunden und nach oben hin offen sind. Gießt man Flüssigkeit in eine der Röhren, dann verteilt sich die Flüssigkeit gleichmäßig auf alle Röhren. Der Stand der Flüssigkeit ist überall gleich hoch. Dabei ist es egal, welche Form die Röhren haben oder wie groß sie sind.

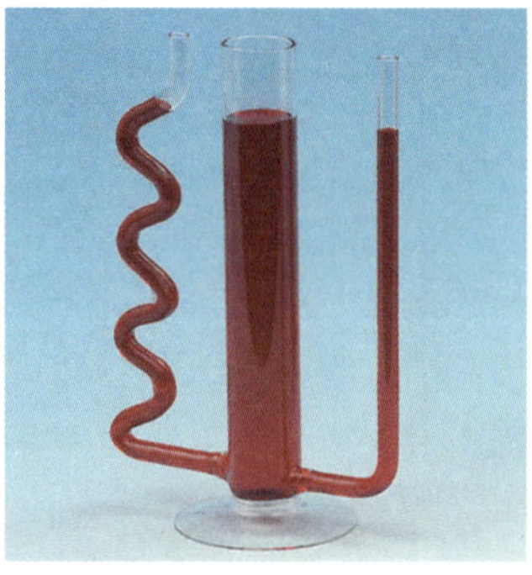

Abwasserreinigung

1 Klebe die Bilder von Seite 95 an der richtigen Stelle der Abwasserreinigungsstufe ein.

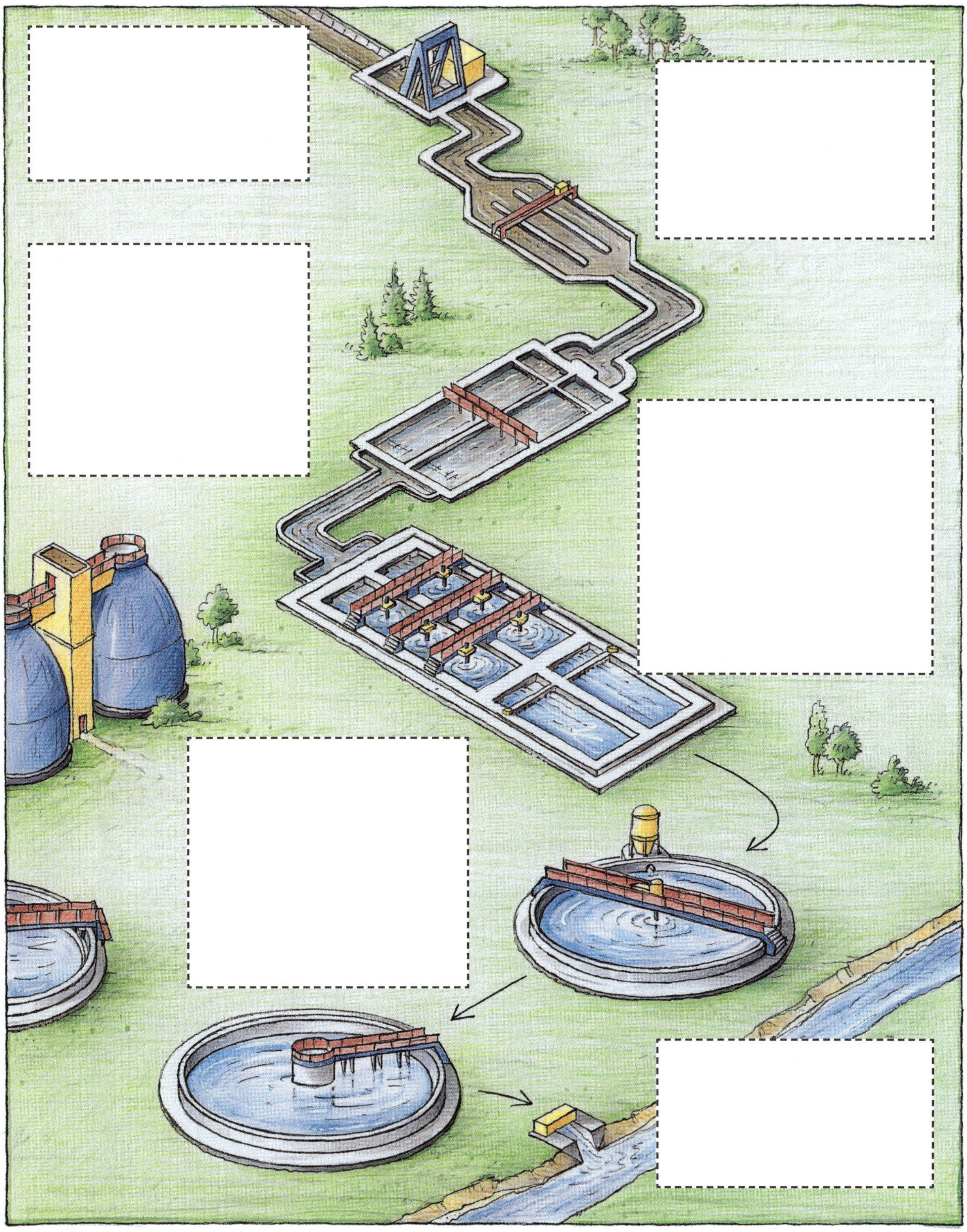

Mechanische Stufe	Biologische Stufe	Chemische Stufe

Schall-Experimente

Wir sind täglich umgeben von Geräuschen, Tönen und Klängen, von Sprache, Musik und Lärm. Sie alle werden durch Schall verursacht.

1 Führt die folgenden Versuche in Partnerarbeit durch.

① Wie kannst du Schall sichtbar machen?

Du benötigst:

- 1 leere Blechdose
- 1 Luftballon
- 1 Gummi
- 1 Schere
- Reiskörner
- 1 Tambourin
- 1 Holzlöffel

So gehst du vor:

1. 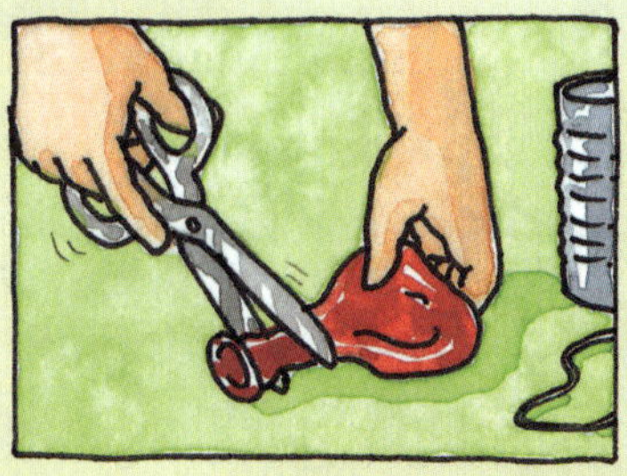

2. 

3. 

Was geschieht mit den Reiskörnern?

② Schwingende Gläser

1. Fülle 2 Weingläser gleich hoch zu 2/3 mit Wasser und stelle sie in kleinem Abstand nebeneinander.
2. Lege auf das eine Glas ein Drahtstück und bringe das andere Glas durch das Reiben mit einem feuchten Finger in Schwingungen.
3. Was passiert mit dem Drahtstück? ______________________________

3 Was leitet den Schall?

Baut euch ein Dosentelefon. Probiert verschiedene Materialien als Verbindungen zwischen den Bechern aus. Zieht die Schnur, den Draht oder das Gummiband stramm und sprecht abwechselnd in die Becher. Welches Material leitet den Schall dabei am besten?

Material	Vermutung Am besten leitet:	Feststellung Am besten leitet:
Draht		
Schnur		
Gummiband		

4 Hörst du das Ticken unter Wasser?

Lege eine tickende Eieruhr in einen Gefrierbeutel.
Verschließe den Beutel wasserdicht mit Tesafilm und einem Gummiband. Lege ihn in einen Eimer voll Wasser und horche.

Feststellung: ______________________________

Erklärung: ______________________________

____

5 Wann kannst du das Ticken der Uhr hören?

Führe den Versuch wie auf der Abbildung gezeigt durch. Benutze als Rohrabschluss unterschiedliche Materialien.

Material	laut	leise	stumm
ohne Teller			
Plastikteller			
Korkenuntersetzer			
Stoff über dem Teller			

Magnet Erde

600 v. Chr.

Schon immer gab es Gesteine, die magnetische Wirkung haben. Diese können vor allem Eisen, aber auch sich selbst anziehen. Man nennt sie Magneteisenstein oder Magnetit. Die ersten fand man in der Nähe der griechischen Stadt Magnesia, daher auch der Name Magnet. Schon 600 Jahre v.Chr. hat man im heutigen Griechenland damit begonnen, mit ihnen zu experimentieren.

1 Beschaffe dir Magneteisensteine aus einem Mineralienladen und untersuche ihre Wirkung.

1200 n. Chr.

Vor 800 Jahren entdeckten die Chinesen, dass sich Magneteisensteine immer in dieselbe Richtung drehen, wenn man sie auf einem Stück Holz schwimmen lässt. Sie stellten fest, dass Magnete einen Nord- und Südpol haben. Mit diesem einfachen Kompass konnten die Menschen nun die Himmelsrichtungen bestimmen.

2 Lege einen Magneteisenstein auf eine Holz- oder Korkscheibe in eine Wasserschüssel. Lasse diese längere Zeit stehen. Was hat sich verändert?

1600 n. Chr.

Um 1600 fand man heraus, dass auch die Erde ein großer Magnet mit zwei Polen und einem Magnetfeld ist. Wir nennen diese Pole magnetischer Nordpol und magnetischer Südpol.

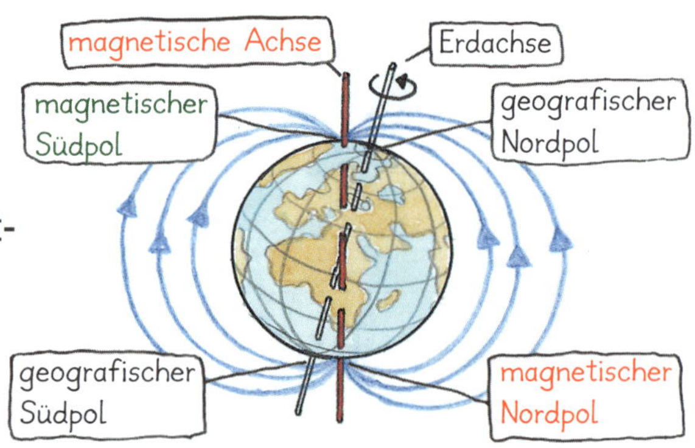

3 Befestige einen Bindfaden genau in der Mitte eines Stabmagneten und lasse ihn frei hängen. Was beobachtest du? Vergleiche mit einem Kompass.

1819 n. Chr.

Im Jahre 1819 fand der dänische Forscher Oerstedt heraus, dass auch Kabel, durch die elektrischer Strom fließt, ein Magnetfeld haben.

4 Schließe einen Draht an die Pole einer 9-V-Blockbatterie an und halte ihn über eine Kompassnadel. Was beobachtest du? Führe den gleichen Versuch noch einmal durch. Wickle den Draht zuvor auf einer dünnen Papierrolle zu einer Spirale. Welchen Unterschied stellst du fest?

Einen Elektromagneten bauen

Viele Geräte und Maschinen, die wir im Alltag verwenden, arbeiten mit einem Elektromagneten. Wenn Strom durch die Drahtwicklung eines Elektromagneten fließt, dann zieht er Gegenstände aus den Metallen Eisen, Kobalt und Nickel an. Schaltet man den Strom wieder aus, verschwindet die magnetische Anziehungskraft.

1 So kannst du dir einen Elektromagneten herstellen.

Du brauchst:

1. Wickle den Draht fest um die Schraube, ohne ihn dabei zu knicken.

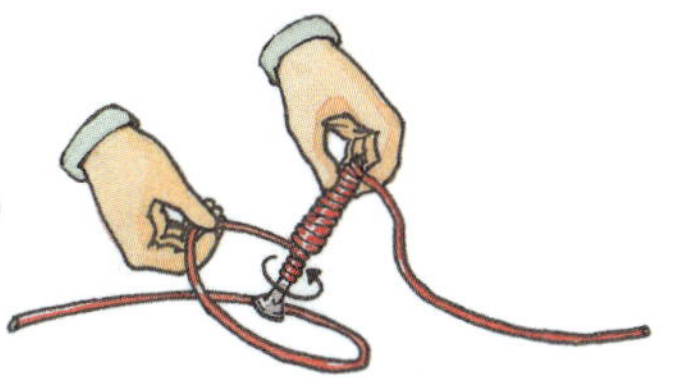

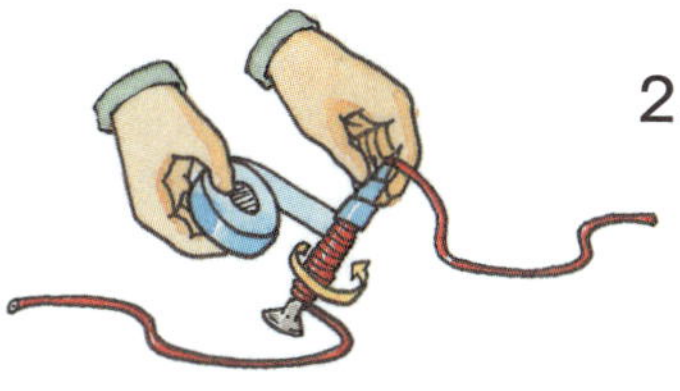

2. Umwickle die Schraube mit dem aufgerollten Draht mit Klebeband. Lass die beiden Enden des Drahtes herausschauen.

3. Entferne die Kunststoffschicht an den Enden des Drahtes.

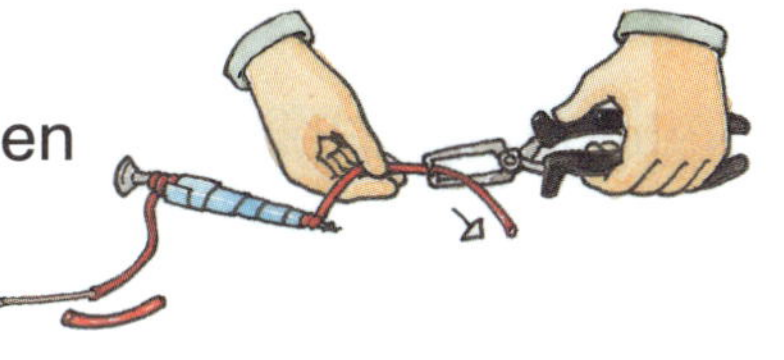

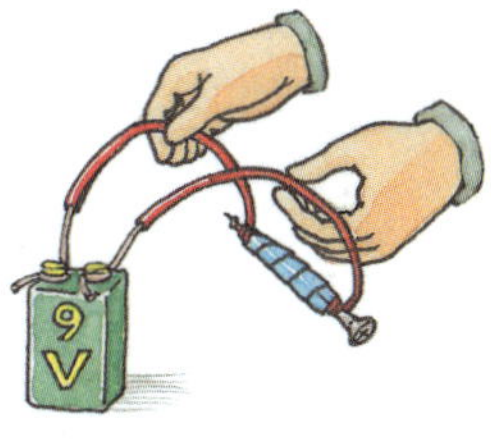

4. Befestige die beiden Enden des Drahtes an den Polen einer 9-V-Blockbatterie.

2 Halte die Schraube über einen Haufen Büroklammern. Was passiert?

Vermutung: ______________________________

Beobachtung: ______________________________

Erklärung: ______________________________

3 Welche anderen Gegenstände kannst du mit deinem Elektromagneten anheben? Aus welchen Stoffen sind sie?

____

____

Mensch und Tier

Aufeinander angewiesen

Seit langer Zeit lebt der Mensch in Gemeinschaft mit Tieren.

1 Für welche Zwecke hat er sie früher genutzt? Wie ist es heute?

2 Auf welche Art und Weise dienen diese Tiere dem Menschen?
Ordne die entsprechenden Ziffern den Abbildungen zu:
1) Nahrung 2) Kleidung/Rohstoff 3) Beschützer/Begleiter 4) Arbeitskraft

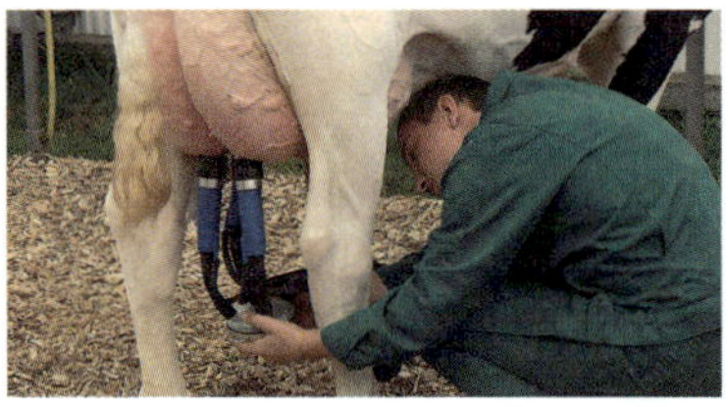

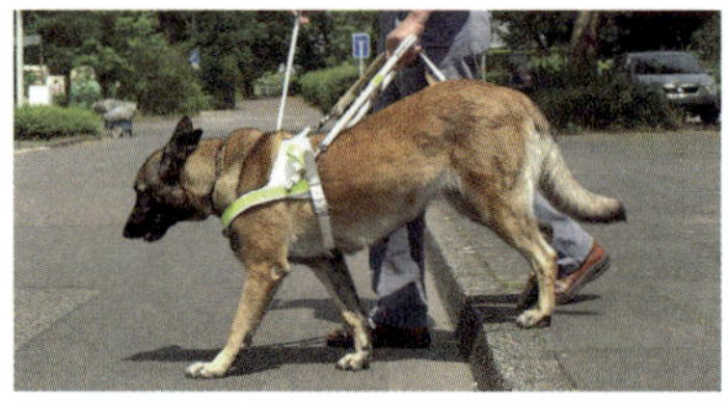

3 Von welchen wild lebenden Tieren stammen die dargestellten Haustiere ab? Seit wann und für welchen Zweck werden sie von Menschen in Europa gehalten und gezüchtet?

vor Jahren	Zuchtform	Wildform	Nutzung für den Menschen
2 000			
3 000			
4 000			
5 000			
6 000			
7 000			
8 000			
9 000			
10 000			

Hühner – artgerecht halten

1 Welche Bedeutung haben Hühner für uns Menschen?

2 Ordne die Ziffern den Körperteilen der unteren Abbildung zu:
1) Schwanz 2) Kropf 3) Schnabel 4) Kamm 5) Nasenloch 6) Flügel
7) Krallen 8) Auge 9) Ohren

Huhn

Gewicht: bis zu 6 kg

Ernährung: Würmer, Insekten, Körner, Pflanzenteile

Vorkommen: weltweit

Abstammung: stammt vom indischen Bankivahuhn ab. Heute gibt es über 150 verschiedene Rassen.

Lebensweise: Hühner sind gesellig. Sie leben gerne in Gruppen zusammen. Sie brauchen viel Auslauf, um auf dem Boden mit ihren Füßen zu scharren und nach Nahrung zu picken. Staub- und Sandbäder schützen sie vor Hühnerflöhen und Milben. Nachts schlafen die Hühner am liebsten auf Sitzstangen.

3 Fasse die Lebensweise und die Bedürfnisse von Hühnern anhand des Steckbriefs zusammen.

____

____

4 Was bedeutet artgerechte Haltung?

Rund ums Ei

Die Menschen vergleichen heute beim Einkaufen genau die Preise. Sie möchten die Eier billig kaufen. Damit ich überhaupt Geld verdiene, muss ich sehr viele Eier verkaufen. Das geht nur, wenn ich möglichst viele Hühner halten kann. Dazu sind die Volieren* notwendig. Ich achte dabei auf die Gesundheit meiner Tiere. Außerdem kann ich die Volieren* gut reinigen. Die Eier, die ich verkaufe, sind sauber und schmecken prima.

Menschen essen Eier gerne, wenn sie wissen, dass die Hühner möglichst artgerecht gehalten werden. Meine Hühner laufen frei herum, können scharren und sich im Staub baden. Sie legen die Eier in Nester, die sie sich selbst aussuchen. Außerdem bekommen sie natürliches, unbehandeltes Futter ohne Zusatzstoffe. Das ist für mich ein großer Aufwand. Damit ich Geld verdiene, muss ich die Eier etwas teurer verkaufen.

1 Welche Gründe sprechen für Massentierhaltung und welche für eine artgerechte Haltung? Schreibt sie auf verschiedenfarbige Karteikarten. Ordnet sie gemeinsam nach ihrer Wichtigkeit.

2 Was bedeuten die Zahlen auf dem Stempel?

1 ______________________

2 ______________________

3 ______________________

4 ______________________

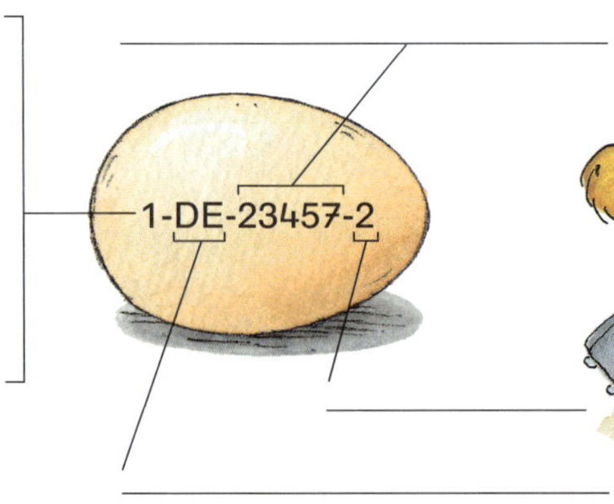

3 Welche Hühnerhaltung ist hier dargestellt? Verwende die Ziffern von Aufgabe 2.

Wiederhole

(1) Was bedeutet das Wort Pubertät?

(2) Welche Aufgabenteilung gab es zwischen Männern und Frauen vor etwa 200 Jahren?

(3) Welche verschiedenen Wundarten kennst du?

(4) Nenne jeweils 5 Produkte des täglichen Lebens, die aus tierischen bzw. pflanzlichen Rohstoffen hergestellt werden. Nenne auch die Tiere und Pflanzen, von denen sie stammen.

Schau nach

(5) Informiere dich, welche Berufe deine Eltern, Verwandten und ihre Freunde ausüben. Unterscheide dabei zwischen Männern und Frauen.
Gibt es typische Männer- und Frauenberufe?

(6) Suche in Zeitschriften und Illustrierten nach Werbeanzeigen, die Suchtverhalten bei Menschen fördern. Durch welche Motive und Symbole wird das Suchtverhalten dabei unterstützt?

(7) Erkundige dich, wo in deiner Schule die meisten Unfälle passieren und welche Gefahrenstellen es dort gibt. Was kann man dagegen tun?

(8) Kennst du den Fluchtweg aus deiner Klasse ins Freie? Wie lange dauert es, bis eure ganze Klasse, ohne zu rennen, zügig ins Freie gegangen ist? Stoppe die Zeit.

(9) Erkundige dich, wie viel Wasser eine Person für bestimmte Dinge täglich braucht. Wie viel Wasser ist das an einem Tag? Fülle die Tabelle aus.

						Wasserverbrauch an einem Tag
____ Liter	____ Liter	____ Liter	____ Liter	____ Liter	____ Liter	____ Liter

Probiere aus

1 Pappmaschee-Nanas

Niki de Saint Phalle ist eine französische Künstlerin, die bei uns vor allem durch ihre aufgestellten Nana-Figuren bekannt wurde. Diese Figuren verkörpern Weiblichkeit auf eine sehr deutliche Weise.

Stellt aus Maschendraht und Pappmaschee selbst Nanas her und malt sie bunt an.

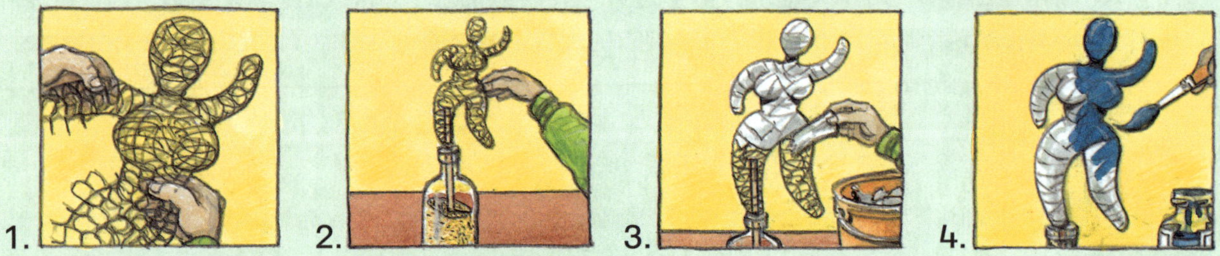

2 Freundschaftsbriefe

Schreibt eurer Freundin oder eurem Freund einen Brief, in dem ihr sagt, was euch so gut an ihr oder ihm gefällt und wie froh ihr über diese Freundschaft seid.

3 Was passiert?

Stelle eine Kerze auf eine feuerfeste Unterlage und zünde sie vorsichtig an. Lass die Kerze mindestens eine Minute lang brennen. Zünde nun die zweite Kerze an. Puste die erste Kerze aus. Vom Docht steigt ein weißer Dampf auf. Halte die zweite Kerze an den Rauch, der nach oben steigt.

Schlauberger

4. Warum bekommen wir eine Gänsehaut?
5. Wie sieht eine Kerzenflamme im Weltall aus?
6. Warum sieht man bei einem Gewitter zuerst den Blitz und hört dann erst den Donner?
7. Was bedeutet „einen Zacken zulegen?“

8. Welche Hühner legen grüne Eier?

Interesse geweckt?

1 In manchen Städten gibt es Hochseilgärten. Hier können Gruppen von Kindern, Jugendlichen und Erwachsenen gut gesichert und unter Aufsicht über Seile gehen und klettern. Welche Erfahrungen kann man dabei machen?

2 Viele Rettungsdienste, Hilfsorganisationen und die Feuerwehr bieten für Kinder und Jugendliche verschiedene interessante Angebote zur Mitarbeit an. Informiere dich über solche Angebote in deinem Wohnort.

3 Baue aus verschiedenen Naturmaterialien (Baumrinde, Astgabeln, Stöckchen...) Wasserleitungssysteme in der Natur. Vielleicht könnt ihr auch ein Wasserrad einbauen.

Nachgedacht

4 Was sind Gefühle und wozu haben wir sie?

5 Wie wäre es, wenn wir immer glücklich wären?

6 Lies das Gedicht und überlege, was der Vergleich einer brennenden und erloschenen Kerze über eine Liebe aussagt. Du kannst auch ein Bild dazu gestalten.

Liebe ist wie eine Kerze.
Solange sie brennt,
sehen wir hell
und fühlen uns wohl.
Erlischt jedoch ihr Licht,
bekommen wir Angst
und verlaufen uns.
(Schüler einer Klasse 9)

7 Wenn ein Unfall passiert, helfen manche Menschen. Andere schauen nur zu.

8 „Gegensätze ziehen sich an?“ Stimmt das?

9 Wasser ist das kostbarste Lebensmittel. Stimmt das?

Medien-Alltag

7–8h	8–12h	13–15h	15–17h	17–19h	20h

1 Wofür nutzt Jan die Medien? Klärt die Begriffe in der Tabelle und kreuzt dann an.

Medium	Kommunikation	Lernen/Arbeit	Entspannung	Unterhaltung

2 Beobachte dich einmal selbst. Welche Medien nutzt du an einem Wochentag und an einem Sonntag? Wann nutzt du sie? Markiere farbig in der Zeitleiste.

Wochentag: ______________________

7h	8h	9h	10h	11h	12h	13h	14h	15h	16h	17h	18h	19h	20h

Sonntag: ______________________

7h	8h	9h	10h	11h	12h	13h	14h	15h	16h	17h	18h	19h	20h

Buch/Zeitschrift Fernseher DVD Computer

3 Überlege, aus welchem Grund du die Medien genutzt hast. Trage die Anfangsbuchstaben dementsprechend in die beiden Zeitleisten ein:
Kommunikation, Lernen/Arbeit, Entspannung, Unterhaltung.

Die Klasse 4b hat unter sich eine Umfrage gemacht, wie lange die Kinder an einem Wochentag verschiedene Medien nutzen.

Mediennutzung der Klasse 4b (26 Kinder)

	Nie	1-2 h/Tag	2-3 h/Tag	Mehr als 3 h/Tag
Buch/Zeitschrift	2	9	10	5

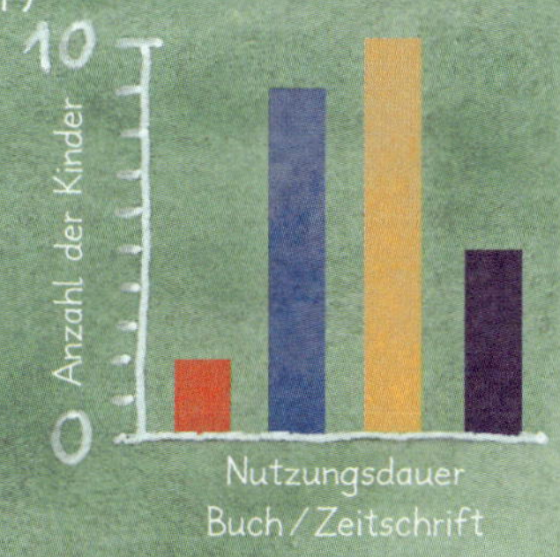

1 Führt die gleiche Umfrage in eurer Klasse durch. Wertet sie aus. Zeichnet ein Balkendiagramm, an dem ihr die Nutzung eines der Medien ablesen könnt.

	Nie	1-2 h/Tag	2-3 h/Tag	Mehr als 3 h/Tag
Buch/Zeitschrift				

2 Welche Informationen über die Mediennutzung in eurer Klasse könnt ihr der Tabelle und der Grafik entnehmen?

3 Betrachte die Geschichte. Was könnten die Kinder nun unternehmen?

Computer-Experten

1 Wie gut kennst du dich mit dem Computer aus? Kreuze an.

Checkliste

	Das kann ich.	Das muss ich noch üben.	Das kann ich noch nicht.
Ich kann die Teile des Computers benennen.			
Ich kann einen Text eingeben, speichern und ausdrucken.			
Ich kann im Internet Informationen finden.			
Ich kann Bilder einscannen und abspeichern.			
Ich kann Bilder mit dem Computer zeichnen.			
Ich kann Bilder von einer Digitalkamera auf den Rechner überspielen.			
Ich kann Bilder in einen Text einfügen.			

2 Erstellt in Expertengruppen zu jedem Punkt der Checkliste eine Karteikarte mit einer Schritt-für-Schritt-Anleitung. Wie ihr dabei vorgehen könnt, zeigt folgendes Beispiel: Bringt die Sätze in die richtige Reihenfolge und tragt sie auf der Karte ein.

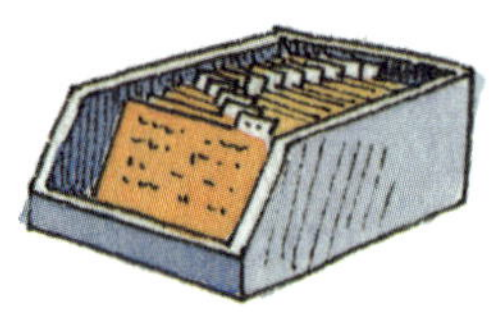

Wie gebe ich die Internetadresse meiner Suchmaschine ein?

Was suche ich?

Welche Seite wähle ich aus?

Wie starte ich den Browser?

Wie lautet mein Suchbegriff?

Gibt es noch weitere Links zu dem Thema?

Informationen im Internet suchen

So gehe ich vor:

1 Ich starte den Browser durch Doppelklick des Symbols auf dem Bildschirm.

2

3

4

5

6

3 Überlegt euch für diese beiden Karteikarten eine Anleitung und Beschriftung.

Bilder in ein Textdokument einfügen

So gehe ich vor:

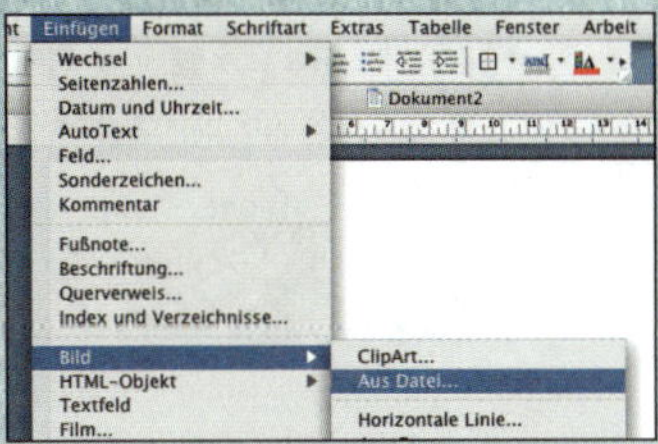

1.

2.

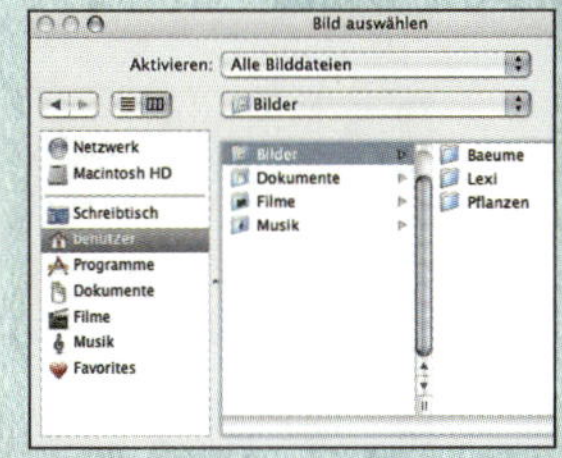

3.

4.

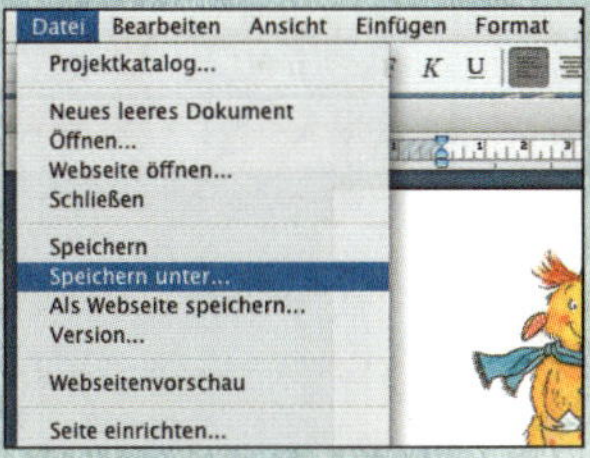

Ein Textdokument grafisch gestalten

Symbole in der Zeichenpalette:

Objekt mit Farbe füllen

Überschriften gestalten

Striche zeichnen

Voll im Trend

Ein Trend bezeichnet etwas, das gerade modern ist. Viele Kinder machen Trends in der Mode, in der Musik oder im Sport mit. Marktforscher und Werbefachleute spüren Trends auf und versuchen, Kinder gezielt damit anzusprechen.

1 Tim und Julia sind sehr trendbewusst.

2 Warum machen Jungs, wie zum Beispiel Tim, einen Trend mit?

____

____

3 Warum machen Mädchen, wie zum Beispiel Julia, einen Trend mit?

____

____

4 Was ist zur Zeit bei euch im Trend?

Mädchen: ______________________________________

Jungen: _______________________________________

Viele Kinder geben ihr Taschengeld für Dinge aus, die gerade im Trend sind.

1 Wie viel Taschengeld bekommt ihr im Monat und wofür gebt ihr es aus? Führt in eurer Klasse eine geheime Befragung durch. Tragt die Ergebnisse aller Kinder in die Tabelle ein und errechnet getrennt für Mädchen oder Jungen den Durchschnitt.

> Ich bin ein Mädchen.
> Ich bekomme im Monat 5 €.
> Ich verwende mein Taschengeld für: CDs, Sammelbilder.

Umfrageergebnis „Taschengeld“

	Taschengeld im Monat	Durchschnitt*
Mädchen		
Junge		

* Um den Durchschnitt auszurechnen, zählt man das Geld der Mädchen oder Jungen zusammen und teilt den Betrag dann durch die Anzahl der Kinder.

Verwendung unseres Taschengeldes

Mädchen	Junge

Info

Eine neue Untersuchung zeigt, dass die 6- bis 13-jährigen Kinder in Deutschland durchschnittlich mehr als 1000 Euro pro Jahr zur Verfügung haben. Im Durchschnitt bekamen Kinder im Jahr 2005 zum Geburtstag 68 Euro und zu Weihnachten 77 Euro. Jungen und Mädchen sparten jeweils etwa 615 Euro an. Auf der anderen Seite steigt allerdings auch die Zahl der Kinder, die in Deutschland in Armut leben.

Landschaften in Deutschland

Deutschland gliedert sich nach seiner Oberflächengestalt in 3 Großlandschaften:
- das Tiefland im Norden – nicht höher als 200 m über dem Meeresspiegel* (NN) mit den Küstenlandschaften an Nord- und Ostsee;
- die Mittelgebirge – zwischen 200 und 1500 m über NN;
- das Hochgebirge – im Süden über 1500 m über NN.

1 Zeichne die Ausdehnung dieser Großlandschaften Deutschlands farbig in die Karte auf der rechten Seite ein. Verwende dazu die in der Legende der Klappkarte am Ende des Buches angegebenen Farben.

2 Finde die abgebildeten Landschaften auf der Klappkarte. In welchen Abschnitten des Gitternetzes liegen sie? Schreibe deren Buchstaben und Ziffern neben die Abbildung. Male die Kästchen in der entsprechenden Farbe an.

1. Landschaft bei Kap Arkona (Rügen)

2. Wattenmeer vor den Ostfriesischen Inseln

3. Mecklenburgische Seenplatte

4. Rhein bei Köln

5. Brocken im Harz, 1142 m

6. Zugspitze in den Alpen, 2962 m

7. Hochmoor / Nähe Osnabrück

8. Bodensee

9. „Schrammsteine" im Elbsandsteingebirge

3 Ordne die Bildnummern den Standorten auf der Karte zu.

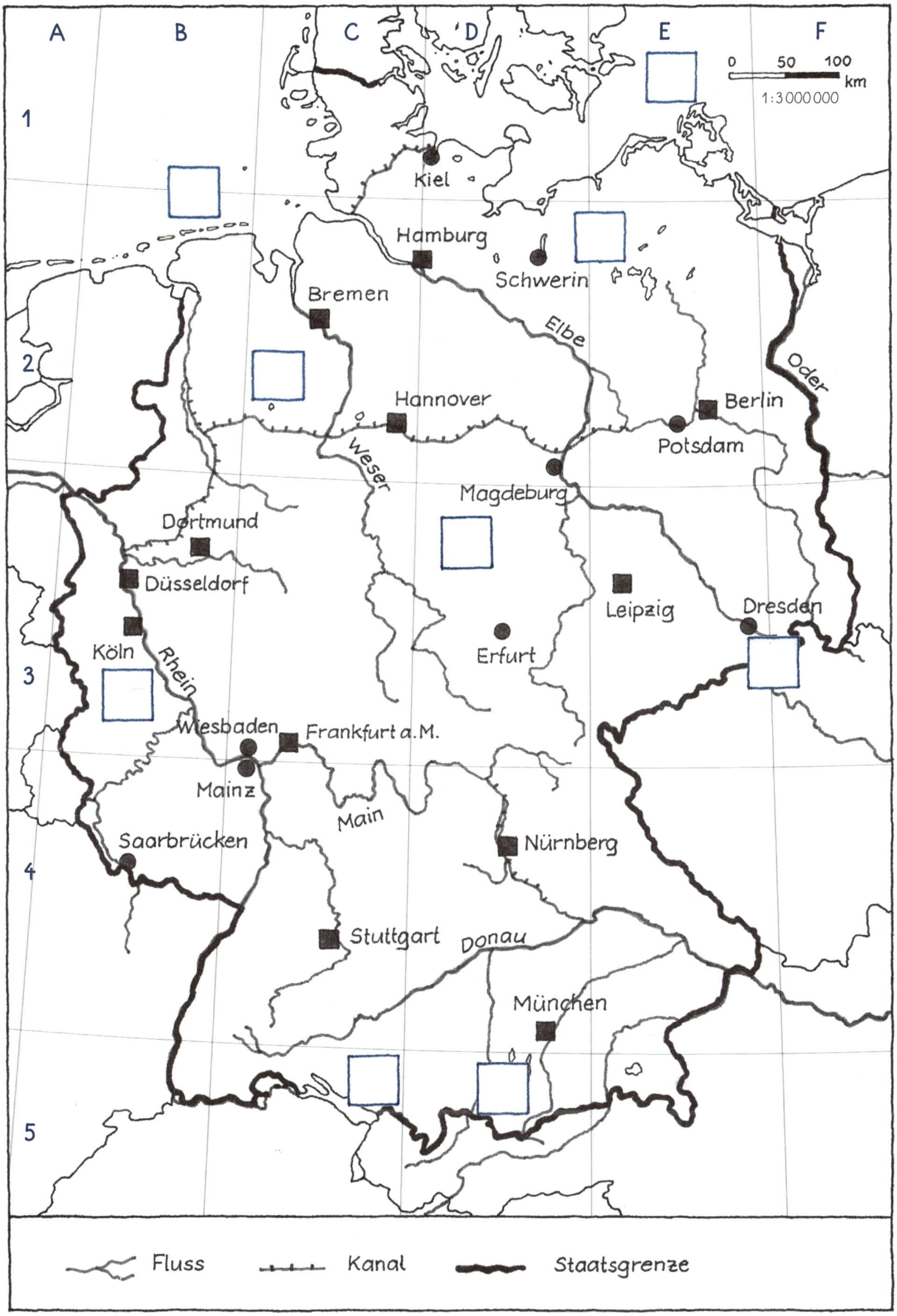

Hier lebe ich

Die Bundesrepublik Deutschland hat ________ Bundesländer. 3 davon sind Stadtstaaten*: Berlin, Bremen, Hamburg.
Alle anderen Bundesländer gliedern sich in Landkreise und kreisfreie Städte.

1 Finde die Lage deines Wohnortes auf der Karte von Seite 71. Markiere sie.

2 Trage die fehlenden Informationen ein.

Meine Adresse: ____________________

____

Wohnort/Stadt: ____________________

____

Landkreis: ____________________

____

Kreisstadt: ____________________

____

Bundesland: ____________________

____

Landeshauptstadt: ____________________

____

Staat: ____________________

Bundeshauptstadt: ____________________

3 Sammelt Informationen über euren Wohnort und erstellt einen Ortsausweis.

Ortsname: ____________________

Postleitzahl: __________ Telefonvorwahl: __________

Einwohnerzahl: ____________________

Jahr der Ortsgründung: ____________________

Bürgermeister/Bürgermeisterin: ____________________

____

Sehenswertes: ____________________

Info

Eine kreisfreie Stadt ist eine Gemeinde, die keinem Landkreis angehört. Sie erledigt die Aufgaben, die sonst der Landkreis wahrnimmt, in eigener Zuständigkeit. Manchmal werden diese Gemeinden auch als Stadtkreise bezeichnet. Eine kreisfreie Stadt ist meist eine Großstadt* oder eine größere Mittelstadt*.

Berlin – die Hauptstadt Deutschlands

Die Kinder der Klasse 4a beschäftigen sich mit der Bundeshauptstadt Berlin. Als Erstes haben sie an der Tafel gesammelt, was sie schon über Berlin wissen, was sie interessiert und was sie noch darüber erfahren möchten.

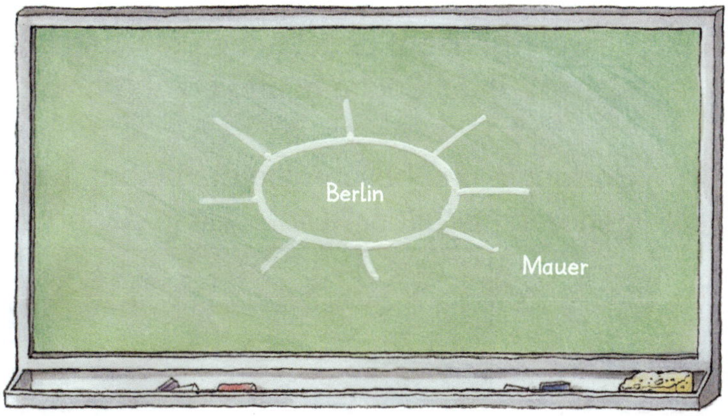

1 Tragt euer Wissen über Berlin in Stichworten an der Tafel zusammen. Tragt die wichtigsten Stichworte oben ein.

2 Welches Thema interessiert dich am meisten? Informiere dich darüber und schreibe Stichpunkte dazu. Trage deiner Klasse das Ergebnis vor.

Thema: ______________________________

____

____

____

____

Die Klasse 4b hat auf einer Klassenfahrt Berlin besucht. Sie haben viele Andenken mitgebracht.

3 Was haben die Kinder gesehen?

Stadt und Land

Lukas wohnt auf dem Lande und Anja in einer größeren Stadt. Sie treffen sich im Schullandheim und erzählen vom Leben in ihrem Wohnort.

1 Betrachte und beschreibe die beiden Karten genau. Zu welchem Wohnort gehören die Bilder? Umrande in der entsprechenden Farbe.

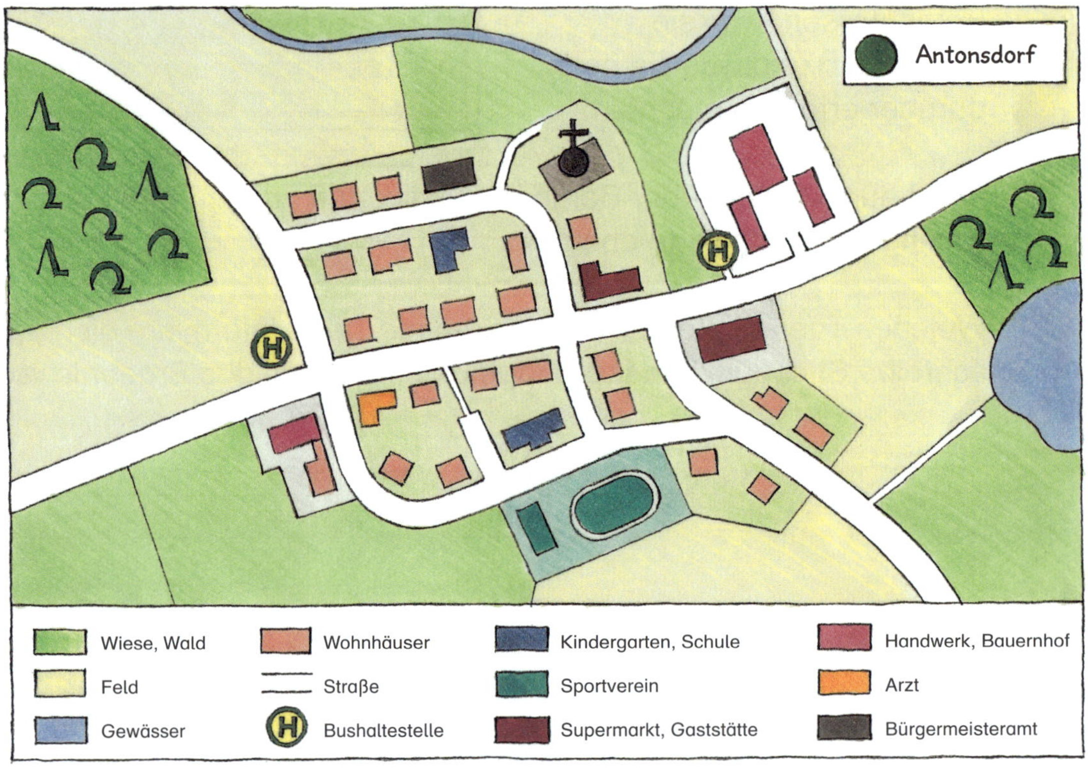

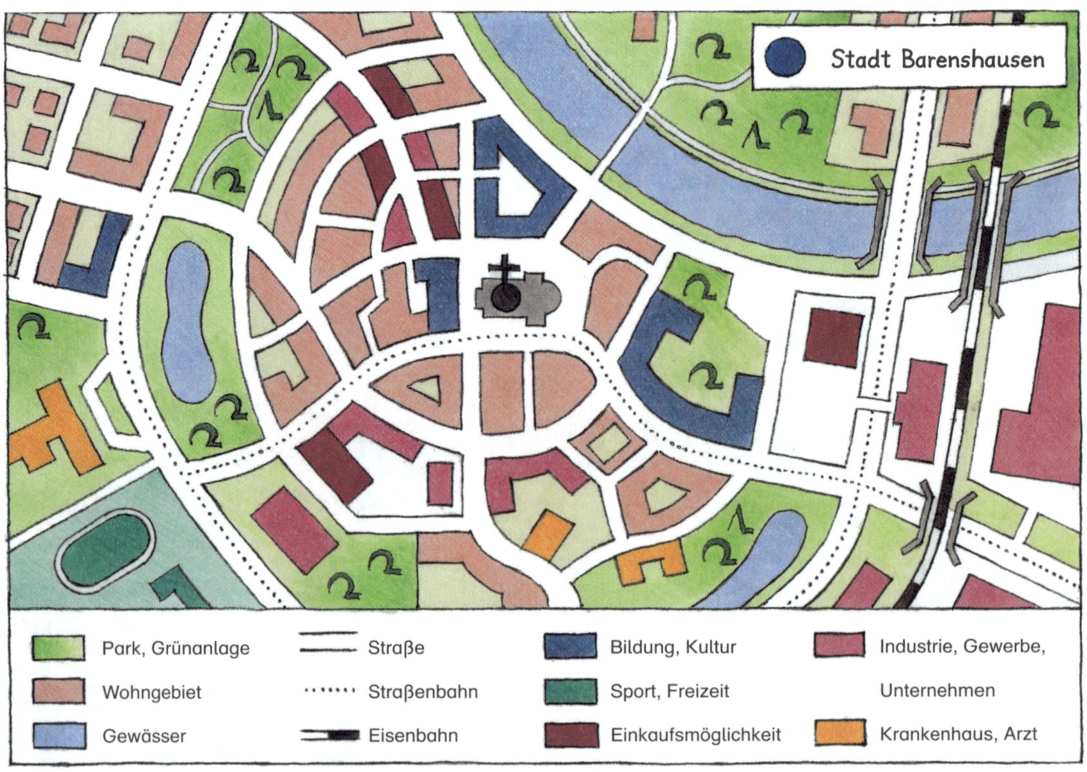

2 Welche Unterschiede gibt es zwischen dem ländlichen Raum und dem städtischen Raum?

	Ländlicher Raum	**Städtischer Raum**
Bildung/ Kultur		
Arbeit		
Gesundheit/ Soziales		
Versorgung		
Verkehr		

3 Lebst du in einem ländlichen oder in einem städtischen Raum? Begründe es.

4 Welche Vorteile und Nachteile hat das Leben im ländlichen oder städtischen Raum für:

Auf dem Weg zur Einheit

1 Ordne die Abbildungen von Seite 95 den passenden Texten zu.

1945, nach dem Ende des Zweiten Weltkriegs, wollten die Politiker in Europa den Frieden sichern und stärker zusammenarbeiten. Dazu gründeten sie 1949 den Europarat.

1957 gründeten Belgien, Deutschland, Frankreich, Italien, Luxemburg und die Niederlande die Europäische Wirtschaftsgemeinschaft* (EWG).

1993 wurde die Europäische Union* (EU) in Maastricht, einer Stadt in den Niederlanden, gegründet. Zunächst hatte die EU 12 Mitgliedsstaaten.

1999 waren es bereits 15 Mitgliedsstaaten.

2 So sieht die Karte der EU heute, im Jahre ________ aus. Sie hat inzwischen _____ Mitgliedsländer. Auch heute noch wollen weitere Staaten der EU beitreten.

3 Male die Mitgliedsstaaten der EU gelb aus.

Das alles ist Europa

Jan und Lisa haben für ihre Klassenzeitung einen Abgeordneten des Europäischen Parlaments* interviewt.

Jan: Wie sind Sie Europaabgeordneter geworden?

Bernd Müller: Ich bin bei den Europawahlen für 5 Jahre gewählt worden. Mein Arbeitsplatz ist jetzt im Europäischen Parlament* in Brüssel und Straßburg.

Lisa: Wie viele Europaabgeordnete gibt es?

Bernd Müller: Das neue europäische Parlament* hat 732 Mitglieder. Sie kommen aus allen Mitgliedsländern der EU*.

Jan: Was hat sich bei uns durch die EU* verändert?

Bernd Müller: Zum Beispiel die Währung. Seit dem 01.01.2002 verbindet der Euro viele verschiedene europäische Staaten miteinander. Und durch die Öffnung der Grenzen innerhalb der EU* muss man jetzt auch nicht mehr lange am Grenzübergang warten.

Lisa: Und was macht die EU* sonst noch?

Bernd Müller: Die EU* unterstützt viele verschiedene Projekte. Wir kümmern uns z.B. um den Naturschutz, die Bildung in Schulen und Universitäten und auch um die Kultur. Im Jahre 2010 ist zum Beispiel die Stadt Essen Kulturhauptstadt* von Europa. Aber wir fördern auch große Forschungsprojekte wie die European Space Agency (ESA), die die Arbeiten der europäischen Raumfahrtprogramme organisiert und mit Geld unterstützt.

Jan: Die EU* hat wirklich viele verschiedene Aufgaben und ist sehr interessant. Vielen Dank für das Interview.

NATURA 2000

1 Welche Themen werden in dem Interview angesprochen? Schreibe sie unter das jeweilige Bild.

2 Informiert euch über die im Interview genannten Themen und Einrichtungen.

Kinder haben Rechte

Aufgrund der Ereignisse und Folgen des Zweiten Weltkriegs wurde von den Vereinten Nationen* 1948 die allgemeine Erklärung der Menschenrechte verfasst. Darin wurde das Recht auf Gleichheit und Freiheit für alle Menschen vereinbart. Auch Kinder haben Rechte, die niemand verletzen darf. 1989 beschlossen die Vereinten Nationen* die Kinderrechte. 191 Staaten der Erde haben sich verpflichtet, die 54 Kinderrechte einzuhalten.

1 Welche Rechte könnten das sein? Sammelt Ideen in der Klasse.

2 Obwohl sich fast alle Staaten der Erde verpflichtet haben, die Kinderrechte einzuhalten, werden diese häufig missachtet.

1

2

3

4

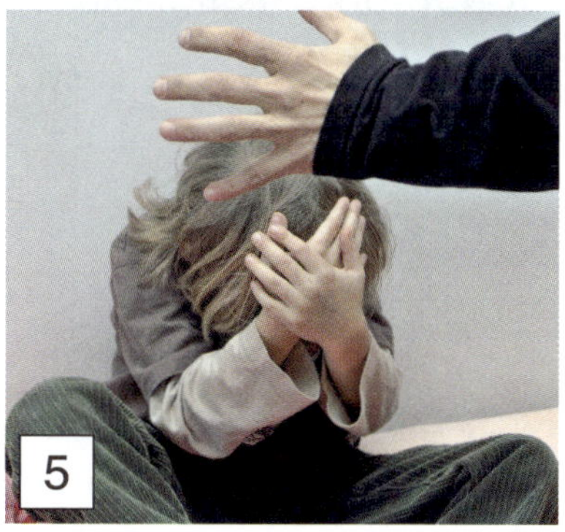
5

6

3 Welche Rechte werden hier verletzt?

☐ ___

☐ ___

☐ ___

☐ ___

☐ ___

☐ ___

Viele Organisationen setzen sich weltweit für die Rechte der Kinder ein.

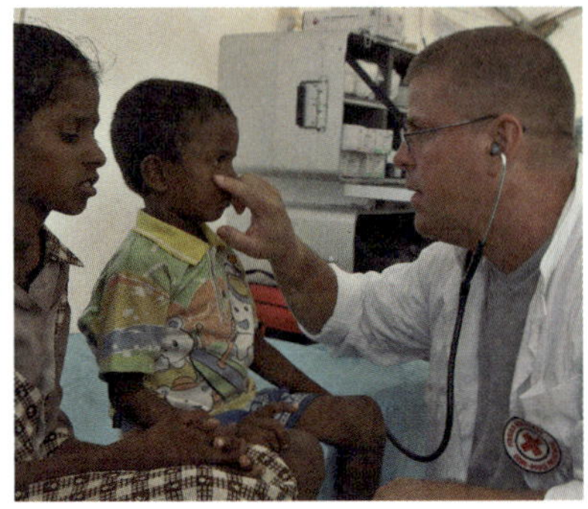

1 Welche Organisationen kennt ihr?

Die Klasse 4 veranstaltet einen Kinderrechtstag. Dazu hat sie die Vertreterin einer Hilfsorganisation* eingeladen, die über ihre Arbeit berichtet.

2 Was erfahren die Kinder über ihre Tätigkeit? Schreibe dies in Stichworten auf.

Ich heiße Sonja und bin von Beruf Bauingenieurin. Seit fünf Jahren arbeite ich als Entwicklungshelferin*. Wir unterstützen derzeit rund 1000 Projekte in Asien, Afrika und Lateinamerika. Dort setzen wir uns für Versorgung mit Nahrungsmitteln, die medizinische Versorgung sowie die Einhaltung der Kinderrechte ein. Ich komme gerade aus Indien zurück. Dort habe ich ein Projekt betreut, das Computerkurse für Kinder anbietet. Kinder, die keine Schule mehr besuchen können, weil sie beim Geldverdienen mithelfen müssen, sollen so bessere Aussichten auf eine Arbeit bekommen.

Tätigkeit: ______________________

Einsatzgebiete: ______________________

____

Arbeitsschwerpunkte: ______________________

____

Laufende Projekte: ______________________

____

Die Einhaltung folgender
Kinderrechte wird unterstützt: ______________________

3 Informiert euch in Gruppen über die Arbeit von Hilfsorganisationen*.

Kinderarbeit

Alle Kinder der Erde haben das Recht, vor Kinderarbeit geschützt zu werden.

Alltag eines Kindes in Peru:

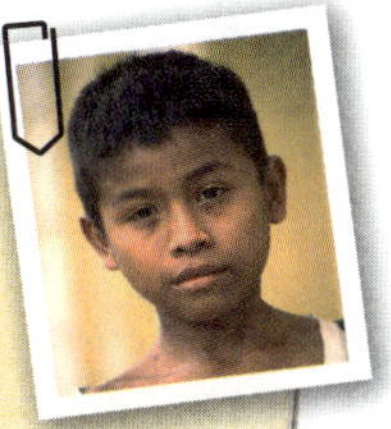

Mein Name ist Pedro. Ich bin 10 Jahre alt. Ich lebe mit meinen Eltern und meinen 4 jüngeren Geschwistern in einem Dorf in Peru. Morgens stehe ich immer um 6 Uhr auf. Zuerst versorge ich unsere Lamas und Hühner. Um 7 Uhr muss ich loslaufen, damit ich pünktlich um 8 Uhr in der Schule bin. Wenn ich gegen 14 Uhr nach Hause komme, habe ich keine Zeit zum Spielen oder zum Hausaufgabenmachen. Jeden Mittag muss ich meiner Mutter auf dem Feld helfen. Nach der Feldarbeit sammle ich Früchte. Was wir nicht selbst verbrauchen, verkaufen wir am Wochenende auf dem Markt in der Stadt. Abends muss ich meiner Mutter im Haushalt helfen oder ich versorge meine jüngeren Geschwister.

Alltag eines Kindes in Indien:

Mein Name ist Nisha. Ich bin 11 Jahre alt. Seit 3 Jahren arbeite ich auf einem Baumwollfeld, um für meine Eltern und meine jüngeren Geschwister Geld zu verdienen. Jeden Morgen gehen wir um 5 Uhr auf das Feld. Wir sind dort 20 Kinder und ernten die Baumwolle. Um 19 Uhr ist die Arbeit zu Ende. Wir übernachten alle in einer großen Scheune. Von den Spritzmitteln wird es uns oft übel und schwindelig, manchmal habe ich auch starke Kopfschmerzen. Jeden Sonntag haben wir frei. Manchmal fahre ich dann mit dem Bus zu meiner Familie, um sie zu besuchen. Für meine Arbeit erhalte ich 20 Rupien am Tag, das sind etwa 34 Cent. Ohne mein Geld hätte meine Familie nicht genug zu essen.

1 Was erfährst du in den Texten über die beiden Kinder?

	Pedro	**Nisha**
Wie leben sie?		
Wo arbeiten sie?		
Wie lange arbeiten sie?		
Warum arbeiten sie?		
Werden hier Kinder-rechte verletzt? Wenn ja, warum?		

Wiederhole

1. Welche Medien nutzt du 1. zum Lernen, 2. zur Kommunikation, 3. zur Entspannung und 4. zur Unterhaltung?

2. Schreibe auf, was du alles über die Hauptstadt deines Bundeslandes aus der Karte herauslesen kannst:

____

____

____

3. Schreibe die Namen der an dein Bundesland angrenzenden Bundesländer auf:

____

____

4. Nenne 3 Kinderrechte, die dir besonders wichtig sind.

Schau nach

5. Stelle dir mithilfe von Fernsehprogrammzeitschriften ein Fernsehprogramm zusammen, das für dich spannend, unterhaltsam und lehrreich ist. Begründe deine Auswahl.

6. Bei welchen Ereignissen wird die deutsche Fahne gehisst und die deutsche Nationalhymne gesungen?

7. In welchem Land der EU leben die meisten Menschen? ____________________

8. Wie viele verschiedene Amtssprachen werden innerhalb der EU gesprochen?

9. Aus welchen Ländern sind diese Münzen? Was zeigen die Abbildungen?

10. Welche Länder grenzen an Deutschland an?

____

Probiere aus

1 Bringt Lernsoftware und Computerspiele mit in die Schule und stellt sie der Klasse vor. Bildet Arbeitsgruppen, die sich entweder mit Computerspielen oder Lernsoftware befassen. Überlegt euch nun in der Gruppe, unter welchen Gesichtspunkten ihr die Software vergleichen und bewerten könnt. Ziel soll eine begründete Auswahl der besten Software sein. Legt für die von euch ausgewählten Gesichtspunkte eine Tabelle zum Vergleich an.

	Mathefix	Rechenkönig	Matheschlauberger
Übersichtliches Startmenü	3	2-3	1
Abwechslungsreiche Aufgaben	5		
Ansprechende Grafiken			

2 Stellt aus einem runden und großen Luftballon und Pappmaschee einen Globus her. Zeichnet mit einem Bleistift die Umrisse der Weltmeere und Kontinente der Erde möglichst maßstabsgetreu vor. Malt sie anschließend an.

3 Stellt aus Pappmaschee, Salzteig oder Sand mithilfe einer Karte die Oberflächengestalt eures Bundeslandes dar. Malt sie entsprechend der Kartenlegende farbig an oder gestaltet sie mit geeigneten Naturmaterialien. Nehmt in euer Relief auch die großen Städte und Flüsse auf.

Schlauberger

4 Was ist ein Hacker?

5 Was macht ein Trendscout?

6 Warum heißt Europa eigentlich „Europa"?

7 Welches ist das größte und welches das kleinste Land Europas?

8 Suche Deutschland auf der Karte und auf dem Globus.
Warum sieht das Land auf dem Globus anders aus als auf der Karte?

Gewusst wie ...

Interesse geweckt?

1. Auf den Internetseiten vieler Fernsehsender gibt es Extraseiten für Kinder mit interessanten Angeboten. Schau sie dir einmal an.

2. Beim Vergleich von Landkarten aus verschiedenen Zeiten kann man viele Veränderungen herauslesen.

3. Lege eine Sammlung von Briefmarken, Postkarten, Streichholzschachteln, Bierdeckeln oder Münzen aus verschiedenen Ländern Europas an.

4. Denkt euch ein Hörspiel oder einen Film zu einem bedeutenden geschichtlichen Ereignis oder einer bedeutenden geschichtlichen Epoche aus. Sucht nach passender Musik und Geräuschen oder macht sie selbst. Wenn ihr einen Film machen wollt, dann beschafft euch Kostüme oder macht sie selber.

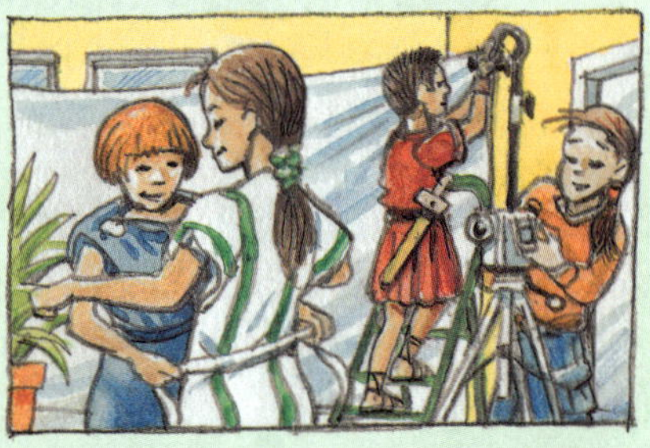

5. Stellt ein Domino mit alltäglichen Redewendungen europäischer Sprachen her. Kennzeichnet die Sprache durch die jeweilige Landesflagge.

Nachgedacht

6. Stell dir vor, du machst eine Fantasiereise durch deinen Ort oder Stadtteil: Was erlebst du? Welche Menschen begegnen dir und was beeindruckt dich besonders?

7. Wovon hängt es ab, ob sich Menschen dort, wo sie leben, wohlfühlen?

8. Stell dir vor, du wärst ein Abgeordneter im Europaparlament in Brüssel. Welche Projekte wären für dich wichtig? Welche Projekte würdest du fördern?

9. Sollten in Europa alle Menschen dieselbe Sprache sprechen?

10. Was macht dich glücklich?

Schwierige Wörter

A

Antibiotika sind Wirkstoffe, die Bakterien töten können. Sie sind wichtige Medikamente gegen Krankheiten, die von Bakterien ausgelöst werden. Entdeckt hat sie der Engländer Sir Alexander Fleming im Jahre 1928.

B

Ballaststoffe sind unverdauliche pflanzliche Bestandteile unserer Nahrung. Sie fördern die Tätigkeit des Darms. Ballaststoffreiche Nahrung sind Vollkornprodukte, Gemüse und Obst.

Besiedlung. Wenn sich Menschen oder andere Lebewesen dauerhaft an einem Ort niederlassen, um dort zu wohnen und um dort ihren Lebensmittelpunkt zu haben, nennt man diesen Vorgang Besiedlung.

D

Desinfizieren. Beim Desinfizieren werden Krankheitserreger, zum Beispiel Viren oder Bakterien, abgetötet. Zum Desinfizieren verwendet man entweder hohe Temperaturen, zum Beispiel von kochendem Wasser, chemische Stoffe, zum Beispiel Chlor, oder starke Lichteinstrahlung.

E

Erdachse. Die Erde hat eine fast kugelförmige Gestalt. Im Laufe eines Tages dreht sie sich einmal um sich selbst wie ein Rad um seine Achse. Daher spricht man auch von der Erdachse, die als gedachte Verbindung vom Nordpol* zum Südpol durch die Erde verläuft.

Erdatmosphäre. Die Erdatmosphäre ist die gasförmige Hülle oberhalb der Erdoberfläche. Sie besteht aus Stickstoff, Sauerstoff, Kohlenstoffdioxid* und Edelgasen, z. B. Neon, Argon und Xenon.

Erdhalbkugel. Die Erde hat eine nahezu kugelförmige Gestalt. In der Mitte, dort wo sie am umfangreichsten ist, verläuft als gedachte Linie der Äquator. Dieser teilt die Erde in zwei Halbkugeln: eine Nordhalbkugel im Norden und eine Südhalbkugel im Süden.

Entwicklungshelfer/-in ist ein Mensch, der in einem Entwicklungsland, d. h. einem „armen" Land arbeitet. Entwicklungshelfer haben bereits einen Beruf erlernt. Sie sind z. B. Arzt, Ingenieur, Handwerker oder Lehrer. In den Entwicklungsländern helfen sie den Menschen mit ihrem Wissen und ihrer Erfahrung. Dort arbeiten sie an den unterschiedlichsten Projekten mit.

Erdoberfläche. Die Erdoberfläche ist die äußere Hülle der Erde. Sie gliedert sich in Festland, Inseln und Meer. Der größte Teil der Erdoberfläche ist vom Wasser bedeckt.

Europäische Union. Die Europäische Union (kurz EU) wurde 1993 von den 12 Mitgliedsländern der Europäischen Gemeinschaft gegründet. Bis heute sind viele europäische Länder hinzugekommen. Alle Mitglieder der EU haben sich verpflichtet, gemeinsam festgelegte Gesetze und Beschlüsse einzuhalten. Ziele sind z. B. die Einhaltung des Friedens und der Menschenrechte. 12 der 25 Länder haben den Euro als gemeinsame Währung.

Europäisches Parlament. Das Europäische Parlament wurde 1957 eingerichtet. Man nennt es häufig auch „Europa-

A B C D E F G H I J K L M N O P Q R S T U V W X Y Z

parlament“ oder „EU-Parlament“. Es hat seinen Sitz in Straßburg (Frankreich), in Brüssel (Belgien) und in Luxemburg. Eine wichtige Aufgabe des Europäischen Parlaments ist es, Gesetze zu verabschieden, die dann für alle Mitgliedsländer der EU* gelten.

Europäische Wirtschaftsgemeinschaft. Die Europäische Wirtschaftgemeinschaft wurde 1957 gegründet und vereinfachte den gemeinsamen Handel und die Arbeitsmöglichkeiten für die Menschen in den Mitgliedsstaaten.

F

Frostkeimer sind Pflanzen, deren Samen eine Kälte- oder Frostzeit durchlebt haben müssen, um keimen zu können.

G

Gletscher bilden sich in Hochgebirgen und Polarländern oberhalb der Schneegrenze. Sie bestehen aus einer dicken Eismasse, die sich durch ihr Eigengewicht in langsamem Fluss talwärts bewegt. In den Alpen wandern die Gletscher im Jahr durchschnittlich 40 - 200m.

Grubbern. Beim Grubbern wird der Boden gelockert und durchmischt. Als Gerät wird ein Grubber verwendet, der dazu dient, Ernteabfälle und Dünger vorsichtig in den Boden einzuarbeiten.

Grundnahrungsmittel. Zu den Grundnahrungsmitteln zählen bei uns Weizen, Roggen, Kartoffeln, Milch und Wasser. Diese decken unseren Grundbedarf an Nahrungsmitteln und sichern gleichzeitig unseren Bedarf an Energie, die wir zum Leben brauchen. In Ländern, wo Mangel an Grundnahrungsmitteln herrscht, sind viele Menschen unterernährt.

H

Hilfsorganisationen sind Einrichtungen, deren Ziel es ist, Menschen, Tieren oder der Natur in Notlagen, z. B. in Kriegen, bei Hungersnöten, nach Naturkatastrophen oder schweren Umweltschäden zu helfen.

Himmelsäquator. Der Himmelsäquator ist eine gedachte Linie, welche die nördliche Himmelskuppel von der südlichen Himmelskuppel teilt. Über der Nordhalbkugel der Erde spannt sich der nördliche Sternenhimmel, über der Südhalbkugel der südliche Sternenhimmel.

Hormone sind Botenstoffe des Körpers. Diese werden in speziellen Drüsen im Körperinnern produziert. Über das Blut werden sie durch den Körper transportiert. Sie übermitteln Informationen, die zu Veränderungen im Körper führen, z. B. zum Einsetzen der Pubertät.

K

Klima. Unter Klima versteht man den Zustand der Erdatmosphäre*.
Der Mensch beeinflusst das Klima, indem er natürliche Rohstoffe wie Kohle, Erdöl oder Erdgas zur Energiegewinnung verbrennt und Wälder abholzt. Dadurch steigt der Anteil des Kohlenstoffdioxids* in der Erdatmosphäre* immer mehr an. Die Folge ist ein allmählicher Temperaturanstieg in der Lufthülle der Erde.

Kohlenhydrate sind die Grundbausteine von Stoffen, die man auch als Zucker bezeichnet. Sie sind hochwertige Energielieferanten und wichtige Baustoffe für unseren Körper.

Kulturhauptstadt. Jedes Jahr wird in einem der Mitgliedsländer der Europäischen Union* eine Stadt zur Kulturhauptstadt Europas ernannt. In der Kulturhauptstadt selbst finden dann das ganze Jahr hindurch viele besondere kulturelle Veranstaltungen statt.

M

Meeresspiegel. Der Meeresspiegel bezeichnet, wie hoch das Meer gerade steht. Bei Tiefen- und Höhenangaben von Orten und Bergen bezieht man sich auf eine mittlere Meereshöhe. Diese heißt Normalnull und wird mit NN abgekürzt.

Mineralstoffe sind lebensnotwendige Nährstoffe, die wir in geringen Mengen über die Nahrung zu uns nehmen. Mineralstoffe sind z. B. Bestandteile der Zähne und der Knochen und sorgen für die Gerinnung unseres Blutes.

Mittelstadt ist die Bezeichnung für alle Städte und Gemeinden zwischen 20.000 und 100.000 Einwohnern. Von einer Kleinstadt spricht man, wenn die Einwohnerzahl unter 20.000 liegt. Leben in einer Stadt mehr als 100.000 Einwohner, spricht man von einer Großstadt. Städte mit mehr als 1.000.000 Einwohnern werden auch als Millionenstädte bezeichnet.

Mondphasen. Der Mond wandert in 29,5 Tagen einmal um die Erde und wird dabei von der Sonne angestrahlt. Je nachdem, wie viel während der Erdumrundung von seiner erhellten Oberfläche zu erkennen ist, sehen wir ihn als Neumond, zunehmenden Mond, Vollmond und abnehmenden Mond. Diese unterschiedlichen Mondgestalten nennt man Mondphasen.

N

Nomaden sind Hirtenvölker, die mit ihren Herden entsprechend den Jahreszeiten die Weide- und Wohnplätze wechseln. Sie leben vorwiegend in Zelten (Jurten).

Nordpol. Die Erde hat eine fast kugelförmige Gestalt und dreht sich im Laufe eines Tages einmal um ihre eigene Achse. Den Drehpunkt auf der Nordhalbkugel bezeichnet man als geografischen Nordpol, den Drehpunkt auf der Südhalbkugel als geografischen Südpol.

Q

Quelle. Als Quelle bezeichnet man alles, was uns Kenntnisse über die Vergangenheit vermittelt. Das können z. B. Schriftstücke, Bilder, Denkmäler, Gegenstände, mündliche Erzählungen oder sogar Namen sein.

R

Rohstoffe. Als Rohstoffe werden Materialien bezeichnet, die in der Natur vorkommen und von Menschen genutzt und bearbeitet werden. Diese Rohstoffe stammen entweder aus der lebenden Natur (Holz), aus der Erdkruste (Metalle, Gesteine, Salz), aus dem Erdinneren oder vom Meeresgrund (Kohle, Gas, Öl).

S

Schaltjahr. Als Schaltjahr bezeichnet man ein Jahr, das 366 statt 365 Tage hat, weil es in diesem Jahr zusätzlich am Ende des Monats Februar noch den 29. Februar gibt. Schaltjahre gibt es alle vier Jahre, mit Ausnahme der Jahre, die durch 100, aber nicht durch 400 teilbar sind.
Schaltjahre gibt es, damit Kalender und Erdumlauf übereinstimmen.

Stadtstaaten. Ein Stadtstaat ist ein Staat, der nur das Gebiet einer Stadt und ihr engeres Umland umfasst. Hamburg, Bremen und Berlin sind in der Bundesrepublik Deutschland Stadtstaaten. Die Stadtstaaten haben keinen Ministerpräsidenten als Regierungschef, sondern einen „Regierenden Bürgermeister".

Steril. Als steril bezeichnet man etwas, das frei von Keimen, Bakterien und Viren ist. Alles, was mit offenen Wunden in Berührung kommt, z. B. medizinische Geräte, Verbandsmaterial und Pflaster muss steril sein, um ein Entzünden der Wunde zu vermeiden.

Sternkarte. Als Sternkarte bezeichnet man eine Karte des Sternenhimmels. Sie zeigt in Kreisform entweder den gesamten nördlichen oder den gesamten südlichen Sternhimmel. Es gibt auch halbkreisförmige Sternkarten,

A B C D E F G H I J K L M N O P Q R S T U V W X Y Z

die einen Ausschnitt des Sternhimmels so zeigen, wie ein Betrachter ihn an einem bestimmten Ort zu einer festgelegten Zeit sehen würde.

T

Tag der Artenvielfalt. Seit 1999 findet in Deutschland einmal im Jahr der „Tag der Artenvielfalt“ statt. An diesem Tag versuchen Biologen, Naturschutzverbände und Schulklassen, innerhalb von 24 Stunden in einem begrenzten Gebiet möglichst viele verschiedene Pflanzen und Tiere zu entdecken. Dadurch soll die Vielfalt der Natur deutlich gemacht werden und zu ihrem Schutz angeregt werden.

Tierkreis. Der Tierkreis oder Zodiakus besteht aus 12 Sternbildern, die entweder nach Tieren (Skorpion, Widder, Steinbock usw.), Gestalten (Wassermann, Jungfrau usw.) oder Gegenständen (Waage) benannt sind. Sie liegen alle auf oder in unmittelbarer Nähe der Ekliptik, also der scheinbaren Bahn der Sonne um die Erde. In Wirklichkeit dreht sich aber die Erde um die Sonne.

U

Überfischung. Eine Überfischung liegt dann vor, wenn mehr Fische gefangen werden als durch natürliche Vermehrung nachwachsen können. Dadurch gehen die Bestände vieler Fischarten in den Weltmeeren immer mehr zurück.

V

Vereinte Nationen. Die Organisation Vereinte Nationen ist ein Zusammenschluss von insgesamt 192 Staaten der Erde. Zu ihren wichtigsten Aufgaben gehören unter anderem die Sicherung des Weltfriedens, die Einhaltung des Völkerrechts sowie der Menschenrechte und die Förderung der internationalen Zusammenarbeit.

Voliere: Das Wort stammt aus dem Französischen. Eine Voliere ist eigentlich ein sehr großer Vogelkäfig, in dem die Vögel frei herumfliegen können. Volieren werden auch in der Hühnerhaltung verwendet, um eine möglichst artgerechte Haltung einer großen Anzahl Hühner auf kleiner Fläche zu erreichen.

Z

Zusatzstoffe sind Stoffe, die einem Futter- oder Lebensmittel hinzugefügt werden. Damit kann man z. B. das Futter länger haltbar machen, den Geschmack oder das Aussehen verändern oder die Tiere schneller mästen.

Zu S. 7

Zu S. 8

Zu S. 19

Hebe mit den Montierhebeln den Mantel von der Felge. Löse die Mutter des Ventils. Ziehe den Schlauch anschließend vorsichtig heraus.	Pumpe den Schlauch wieder auf. Tauche ihn unter Wasser. Die defekte Stelle findest du dort, wo Luftblasen aus dem Schlauch entweichen.	Lass die Luft wieder aus dem Schlauch. Raue die defekte Stelle auf. Streiche sie mit Kleber ein. Drücke den Flicken nun fest auf diese Stelle.	Schiebe den Schlauch wieder unter den Fahrradmantel. Beginne mit dem Ventil. Hebe dann den Mantel mit dem Montierhebel wieder auf die Felge.

Zu S. 21

Zu S. 27

Zu S. 14/15

Zu S. 28

Beilage zu Duden Sachunterricht Arbeitsheft 3
www.duden-paetec.de

DUDEN

Gewusst wie ...
Einen spannenden Vortrag gestalten

Name: ____________________

Klasse: ____________________

8 Bewertung: Wie war der Vortrag?

Jeder Vortrag hat Stärken und Schwächen. Um aus Fehlern zu lernen, solltet ihr den Vortrag bewerten.

Bitte beachten:

1 Ein Thema – viele Fragen

Wählt ein interessantes Thema aus.

Thema: ____________________

Was möchtet ihr dazu wissen? Überlegt euch Fragen. Findet anschließend zu jeder Frage einen Oberbegriff.

Frage	Oberbegriff

Schritt für Schritt

So gehe ich vor, wenn ich einen Vortrag vorbereite:

○ ____________________

○ ____________________

○ ____________________

○ ____________________

○ ____________________

○ ____________________

○ ____________________

In der Tabelle kreuzt ihr an.

 = Das war gelungen!

 = Das war gut.

 = Das solltest du noch üben.

Was ich bewerten möchte			
Anschauungsmaterial			

2 Oberbegriffe und Unterbegriffe finden

Werdet nun immer genauer und findet zu euren Oberbegriffen passende Unterbegriffe.
Tragt nun alles in ein Gedankennetz ein.

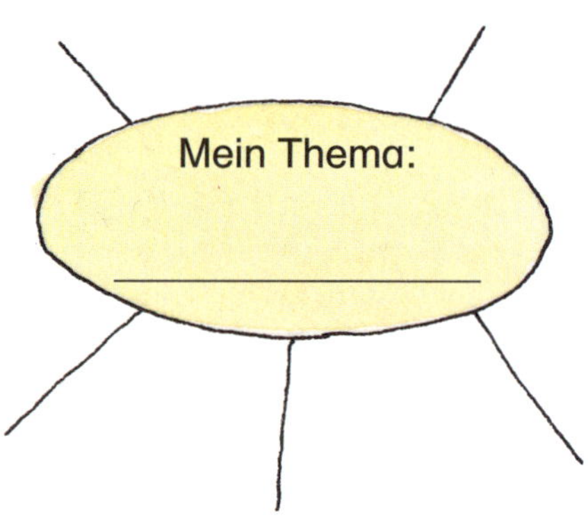

die Körperhaltung und Körpersprache:

____

____

____

die Zuhörer:

____

____

____

____

7 Generalprobe – der Probevortrag

Je öfter ihr euren Vortrag übt, desto sicherer werdet ihr.

Achtet beim Üben besonders auf:

die Stimme:

die Sprache:

3 Wo kann ich mich informieren?

6 Die Vorbereitung: Woran muss ich denken?

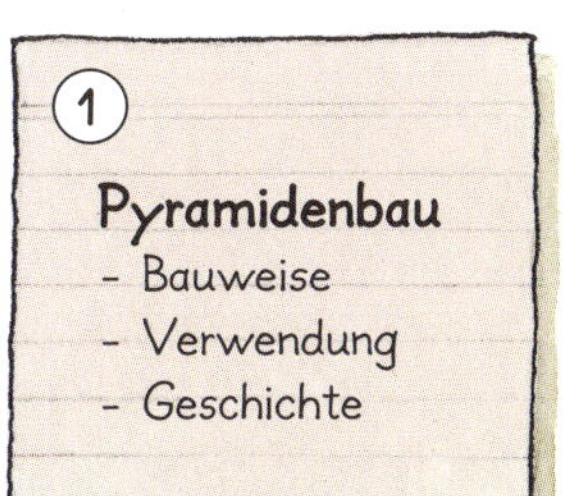

Mit welchen Medien könnte ich präsentieren?

Plakat,

Woher kann ich mir Anschauungsmaterial beschaffen?

Material	Quelle
alte Fotos	Stadtarchiv, Oma, Zeitung

4 Der Vortrag – spannend und anschaulich

Überlegt euch, welche Anschauungsmaterialien oder Medien ihr bei eurem Vortrag verwenden möchtet. Welche Sinne sprechen Sie jeweils an?

Anschauungs-material	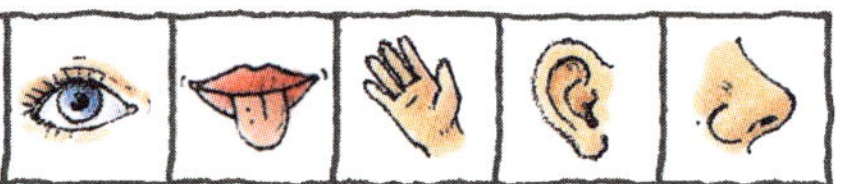				
Schriftrolle					
Papyrus-Pflanze					
Nahrungsmittel					

Medium	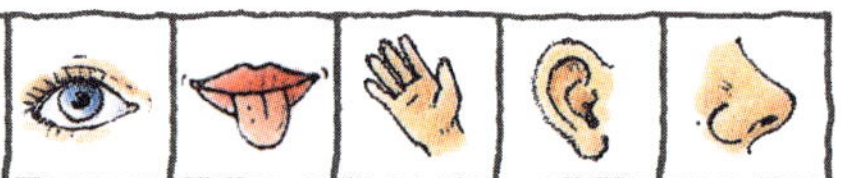				
Plakat					
Film					
Dias					

Hirnforscher haben herausgefunden:
Je mehr Sinne bei einem Zuhörer angesprochen werden, desto besser kann er sich die neuen Informationen einprägen.

5 Ein Plakat gestalten

Ein Plakat ist eine Möglichkeit, um ein Thema bei einem Vortrag anschaulich zu machen.
Auf ein Plakat gehört all das, was für das Thema und die Zuhörer besonders wichtig ist. Es sollte übersichtlich und gut lesbar gestaltet sein.

Überschrift:

Fotos/Zeichnungen:

Texte:

Übersichtliche Anordnung:

Besondere Effekte:

Bundesland-Rätsel

1. Hauptstadt von Deutschland
2. Durch was wurde Berlin lange Zeit geteilt?
3. Große Insel in Mecklenburg-Vorpommern
4. Bundesland, das Berlin umschließt
5. Landschaft in Brandenburg, nach der auch Gurken benannt sind
6. Meer, an das Mecklenburg-Vorpommern grenzt
7. Bundesland, das gleichzeitig eine Stadt ist
8. Fluss, der durch Berlin, Brandenburg und Mecklenburg-Vorpommern fließt
9. Bekannter Hafen in Mecklenburg-Vorpommern
10. Landeshauptstadt von Brandenburg

Beilage zum Duden Sachunterricht Arbeitsheft 4
www.duden-paetec.de

DUDEN

In meinem Bundesland unterwegs

Name: ______________________

Klasse: ______________________

Ein Bundesland – viele Landkreise

1 Wo lebst du? Suche auf der Karte deinen Landkreis oder deine kreisfreie Stadt (Berlin ist übrigens als Stadtstaat auch eine kreisfreie Stadt). Male farbig aus.
Male in einer anderen Farbe die Nachbarkreise aus.

2 **Hier lebe ich:**

Landkreis: ______________________

Kreisstadt/kreisfreie Stadt/Bezirk: ______________________

____

Autokennzeichen: ______________________

Sehenswürdigkeiten: ______________________

____

____

3 Informiere dich über die Größe und Einwohnerzahl der 3 Bundesländer. Vergleicht anschließend die Angaben.

Bundesland	Einwohnerzahl	Größe
Berlin		
Brandenburg		
Mecklenburg-Vorpommern		

Welche seltenen Tiere und Pflanzen findest du in deinem Bundesland?

Ausschneidebogen

Zu S. 3/4

Zu S. 9

Märkische Schweiz

Dünen auf Hiddensee

Wannsee

Müritz

Grunewald

Spreewald

So erstellst du das Heft Schritt für Schritt:

1. Schneide die 2 DIN-A3-Seiten entlang der gestrichelten Linien in 2 Hälften.
2. Falte nun die 3 einzelnen Seiten entlang der durchgezogenen Linien.
3. Ordne die 3 Seiten mithilfe der Seitennummerierung hintereinander an.
4. Zuletzt heftest du die Seiten mit einem Faden an den mit einem Punkt gekennzeichneten Stellen zusammen.

Gewässer und Wasserwege

1 Benenne bedeutende Gewässer (Seen, Kanäle, schiffbare Flüsse), Meeresküsten und Seehäfen.

1	______________________			
2	______________________			
3	______________________			
4	______________________			
5	______________________			
6	______________________			
7	______________________			
8	______________________			
9	______________________			
10	______________________			
11	______________________			

2 Kennzeichne anschließend ihre Nutzung:

1. Wasserwege
2. Freizeit und Erholung
3. Fischfang

2 Informiere dich über die abgebildeten geschichtlichen Ereignisse und schreibe etwas dazu.

1989 ______________________

____

____

____

3. Oktober ______________________

____

____

Erstellt in der Klasse eine Zeitleiste oder besucht das Heimatmuseum im Ort.

Unsere Landeshauptstadt

1 Die Landeshauptstadt von ____________________

heißt ____________________ .

Hier befindet sich der Sitz der Landesregierung. Diese wird aus verschiedenen Ministerien gebildet und wird von einer Ministerpräsidentin oder einem Ministerpräsidenten geleitet.

2 Welche Sehenswürdigkeiten gibt es in deiner Landeshauptstadt? Klebe ein Bild ein, zeichne oder beschreibe. Du kannst dazu auch im Internet recherchieren.

Kultur, Traditionen, Bräuche

1 Informiere dich über typische Traditionen, Bräuche, Trachten und Feste in deinem Bundeland.

2 Suche nach Liedern, die die Eigenarten deines Bundeslandes und seiner Bewohner besingen.

3 Für welche Spezialitäten ist dein Bundesland bekannt?

4 Welche bedeutenden Persönlichkeiten gab/gibt es in deinem Bundesland? Was haben sie Herausragendes geleistet? Wo findest du noch Spuren von ihnen?

Erstellt einen Reiseprospekt, der für euer Bundesland wirbt.

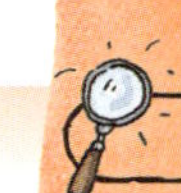

Spuren der Geschichte

1 Bringe die Bilder vom Ausschneidebogen in die richtige zeitliche Reihenfolge und klebe sie auf.

1945 — 1961

1945 ______________________

1961 ______________________

BERLIN Hauptstadt
Potsdam Landeshauptstadt
Staatsgrenze
Bundesländergrenze

- Städte > 1 000 000 Einwohner
- Städte > 500 000 – 1 000 000 Einwohner
- Städte > 100 000 – 500 000 Einwohner
- Städte > 20 000 – 100 000 Einwohner

1 : 2 500 000 — 1 cm ≙ 25 km
0 25 50 75 100 km

Naturräume

1 Zu welchen Gegenden gehören die abgebildeten Landschaften? Ordne die 6 Bilder vom Ausschneidebogen dem entsprechenden Kästchen zu und klebe sie ein.

Informiert euch auf der Internetseite eures Landkreises oder eurer kreisfreien Stadt.

Zu S. 46

Kleine Brandwunden werden unter handwarmem Wasser gekühlt. Keine Salben, Puder oder Pflaster verwenden.

Je nach Größe der Wunde ein entsprechend großes Pflaster aufkleben. Ein Rahmenverband besteht aus einer sterilen Auflage und dem Pflasterband. Eventuell auch einen Verband anlegen.

Die Wunden nicht auswaschen. Keine Fremdkörper aus der Wunde entfernen. Das muss ein Arzt übernehmen. Pflaster, Rahmenverband oder Wundverband anlegen.

Den Kopf leicht nach unten halten.
Ein kaltes Tuch in den Nacken legen.
Nichts in die Nase stopfen! Warten, bis das Nasenbluten aufhört.

Zu S. 53

Im Belebtschlammbecken werden gelöste Abwasserstoffe von Kleinstlebewesen als Nahrung aufgenommen.
Im Nachklärbecken sinken die von den Kleinlebewesen gebildeten Schlammflocken dann auf den Boden.

Im Flockungsbecken werden verschiedene Chemikalien* in das Wasser gegeben.
Durch diese wird auch der restliche Schmutz im Wasser zu Flocken und sinkt auf den Boden des Beckens.

Im Vorklärbecken bleibt das Wasser ca. 2 Stunden lang ruhig stehen. Hier sinkt feiner Schlamm auf den Boden.
Öl und Fett steigen an die Oberfläche und werden dort abgesaugt.

Im Sandfang fließt das Wasser langsamer. Dadurch sinken kleine Steinchen und Sand auf den Boden und werden von dort entfernt.

Das gereinigte Wasser wird jetzt wieder in ein natürliches Gewässer, zum Beispiel in einen Fluss, geleitet.

Der Rechen entfernt größere Teile wie zum Beispiel Papier, Dosen oder Äste aus dem Wasser.

Zu S. 76

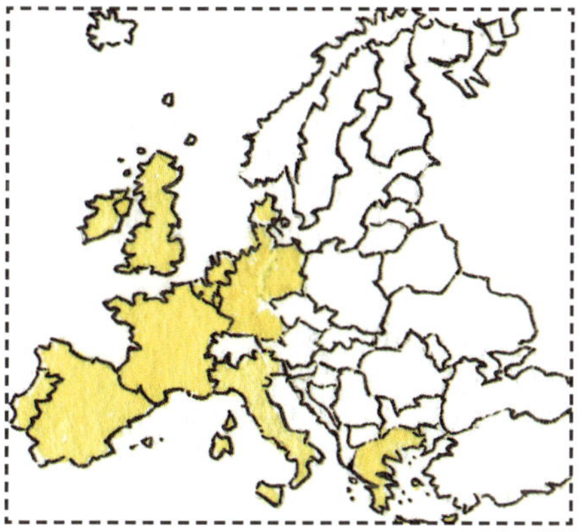

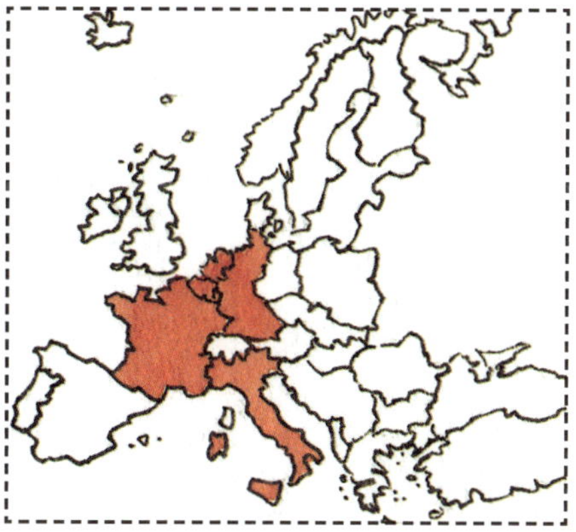